AMINOGE №113

Cover PHOTO
KUNIYOSHI TAIKOU

RITMO
PELIGROSO
MISAEL PEREZ
PAPANTLA VER.

PETIT KASHIMA

俺の人生にも、一度くらい幸せなコラムがあってもいい。

VOL.112

プロレス視点で見る『北の国から』。

プチ鹿島

プチ鹿島（ぷち・かしま）1970年5月23日生まれ。芸人。TBSラジオ『東京ポッド許可局』（土曜日26:00-27:00）出演中。

田中邦衛さん。『北の国から』（フジテレビ）では主役の「黒板五郎」を演じた。訃報後にあらためて語られている。

今回、私は《プロレス視点で見る『北の国から』》を考えてみたい。いきなり何を言ってると思われるかもしれませんが、考察すると深いのです。

『北の国から』には連続ドラマ版とスペシャル版がある。連続ドラマ版は1981年から1982年にかけて放送された。そのあと1983〜2002年にスペシャル版が放送された。ここ大事なポイントです。

というのも40代以上で『北の国から』をまったく知らないという人はいないはずだからだ。そこまで認知度が高いのはスペシャル版が大爆発していたから。タイトルには『北の国から'83』とか『北の国から2002遺言』と年代が付けられた。

よくネタにされる「子どもがまだ食ってる途中でしょうが」というラーメン屋でのシーンや、「泥のついた一万円札」は連続ドラマ版ではなくスペシャル版でのエピソード。こちらのほうを多くの人が観ていたのである。

スペシャル版は放送するたびに存在感が大きくなり、視聴率30％を超すお化け番組になっていた。数字が稼げるコンテンツとなってからは3時間を超える長編となっていた。これって90年代のプロレスの何かに似てませんか？　そう、新日本プロレスのドーム興行である。

私は以前から『北の国から』スペシャル版を「ドーム興行」と呼んでいる。ドーム興行のよさとは何か？　それは一見の客でも楽しめることである。動員を多くするために普段プロレスを知らない人が観ても興味深くなくてはいけない。

これは『北の国から』も同じだった。連続ドラマ版では幼かった純（吉岡秀隆）と蛍（中嶋朋子）だが、スペシャル版では10代後半から20代前半の多感な時期が描かれた。一見の客でも楽しめたのは成長期ならではの共感できるエピソードが多かったからだろう。世間に届きやすいカード編成をする。『北の国から』と『新日本プロレス』

のドーム興行は同時期というだけでなくコンセプトの親和性も高かったのである。

90年代の『北の国から』がここぞとばかりにビッグマッチを投入していた例を挙げよう。それは純の恋愛相手である。裕木奈江、宮沢りえ、内田有紀など〝大物レスラー〟がそのたびにぶつけられた。ドーム興行のお手本である。裕木奈江の予測不能の動きは初代タイガーマスクを彷彿とさせた。

そして視聴者はいつしか気づく。エース級の女優がどんどん来襲しても『北の国から』には中嶋朋子という実力派がきちんと控えていることを。視聴者は純が大物女優たちを相手にしていたと最初は思っていたが、本当に迎え撃っていたのは蛍の中嶋朋子だったことに気づくのだ。マッチメーカーの倉本聰は〝ウチのエース〟中嶋朋子を信頼していたからこそ、安心して外敵をぶつけられたのである。あの頃の新日本プロレスそのままである。

さて、ここまで90年代の「ドーム興行」について書いてきたが、80年代の『北の国から』もじつは同時期の新日本プロレスに本当に似ていたのである。


例として挙げたいのは『北の国から'87初恋』だ。この回はスペシャル版の中でも名作として知られ、田中邦衛さんの追悼番組としてフジテレビが放送したのでご覧になった方もいるだろう。高校生の純がれい(横山めぐみ)に初恋をするエピソードが印象深い。しかし、この回にはもうひとつ大きなテーマがあった。それは「父親超え」である。

父の五郎(田中邦衛)ができなかった風力発電を、純は成し遂げてしまう。世代交代。そんな息子に対して父は複雑な感情を抱き、純と衝突してしまう。以前なら力でも屈服させられたはずだが、あきらかに体力の面でも息子が成長していた。観ていて辛いシーンであった。そして純は東京に旅立つ。

では、この「'87初恋」前後の新日本プロレスも思い出してほしい。あれだけ絶大な力を誇っていた偉大な父・アントニオ猪木はあきらかに衰えを隠せなくなり、長州力には札幌で敗れ、藤波には飛龍革命をぶち上げられた。前田日明は第二次UWFを旗揚げし、格闘王の称号まで得た(いずれも1988年)。

『北の国から』風に言えば、「猪木の国から'88夏」「巣立ち」「時代」である。ドラマもリングも過渡期だったのだ。そういえば夏の長州戦も新生UWF旗揚げ2戦目も舞台は北の国(札幌)からだった。いかがだろうか。黒板五郎とアントニオ猪木は同時期に〝息子〟に敗れていたのである。ファンは時代の流れに寂しさを感じたが、現実を受けとめるという成長もできた。

しかし猪木は死んだふりをしつつ、凄い興行をやってのけた。

1995年に北朝鮮・平壌で『平和の祭典』を開催したのだ。究極の「ドーム興行」と言っていい。そしてこれこそ、北の国からではないか!

この年は『北の国から』もスペシャル版を放送していた。そのタイトルはなんだろう?

『北の国から'95秘密』であった。なんだか思わせぶりである。猪木っぽい。

以上、プロレス視点で見る『北の国から』でした。

RHD
K-1
FUDEAL
CREATION

TRHD
K-1
TRHD
K-1
GROUP
LARA TDIYO

ミスター K-1

武尊

第4代 K-1 WORLD GP スーパーフェザー級王

収録日：2021年4月7日
撮影：タイコウクニヨシ
聞き手：井上崇宏

ついに世紀の
スーパーカード実現へ！
過酷な格闘家人生と
那須川天心について語った!!

「ずっと闘いたかったけど、
いま思えば早々にやらなくてよかった。
天心選手に勝っていたら、
ボクは格闘技人生に満足しちゃって
ここまで現役を続けていないと思う。
やっと悔しかった気持ちを
晴らせて、みんなに
証明することができるんです」

「正解っていうのはあとになってからじゃないとわからないし、むしろ無駄なことってないんだと思う」

——武尊さんには4年前にも一度『KAMINOGE』に出ていただきましたけど、ボクらは間違った行動ばかりしてしまう人にスポットを当てがちで、武尊さんのような間違えない人とどう接したらいいのか、よくわからなくて（笑）。

武尊 いや、ボクも全然間違えますよ。けっこうミスしてきていますよ。

——そうですか？ たとえば？

武尊 女性を選ぶのを間違ったりとか、「それは言っちゃダメだったな」っていうこともけっこうありますし。

——女性や言葉のチョイスを間違えがちですか。

武尊 女性のチョイスなんて、ほぼ合ったことがないですよ（笑）。

——付き合う女性を間違え続けた人生ですか？（笑）。

武尊 本当に間違え続けてます（笑）。

——大丈夫ですか、いまも言葉を間違えていませんか？（笑）。

武尊 プライベートはけっこう間違いだらけで、ずっとお酒はやめているんですけど、凄い前に先輩の結婚式に出たとき、そのあとテレビ収録があったのにベロベロになるまで飲んじゃったことがあって、マネージャーからめちゃくちゃ怒られたことがありますね。

——けっこうやらかすタイプなんですね。では、こと格闘技に関して、ファイターとして間違ったなって思うことってあります？

武尊 いや、むしろファイターとしては間違った闘い方しかしていないですけどね（笑）。

——あっ、闘い方（笑）。

武尊 そこは絶対に打ち合いに行かなくてもいいのに打ち合っちゃったり、余計な攻撃をもらったりとかしているんで。ファイターとしての絶対的な正解は「相手に打たせずに、自分が打つ」なんですけど、ボクは試合中にちょっとテンションが上がったりすると、逆にわざと打たせたりするんですよ。

——どうしてわざと打たせるんですか？

武尊 自分のテンションが上がるからですね。殴り合っているほうが気持ちが通じ合うというか、「一緒に楽しもう！」って感じになれるんですよ。でも、それってファイターとしては絶対に間違いで、いちばんの理想は一方的に勝つことなんですけど、やっぱり楽しんだほうが自分のパフォーマンスも上がるし、そこの楽しみがほしいがために殴らせているときもありますね。

——危険な殴り合いに興じるまでは理解できますけど、わざと殴らせるっていうのはちょっと変態的ですよね。

武尊　格闘技に関しては、だいぶ変態だと思いますね。

――いま、ついに那須川天心戦というスーパーファイトが実現かというムードが高まっていますけど、2015年くらいから天心選手が「やりましょうよ」というアピールをし始めて、そこでK－1サイドは一貫して「もしやりたいならK－1と契約してからどうぞ」という姿勢だったわけですよね。それについてはどう思っていましたか？

武尊　ボク個人は契約どうこうよりもとにかくやりたかったんですけど、いま考えると「あそこでやらなくてよかったな」っていうのはありますね。あそこでやって勝ってしまっていたら、たぶんボクは格闘技人生に満足しちゃっていたと思うので。

――ここまで現役を続けていないかもしれない。

武尊　たぶんここまでやっていないと思うんですよ。天心選手とやって勝っていたら、たぶんK－1で3階級を獲った時点でやめていたような気がします。だからお楽しみを残していたじゃないですけど、それがあるからモチベーションを保ち続けられているっていうのはあると思うので。

――まさにいま思えば、ですね。

武尊　だから正解っていうのはあとになってからじゃないとわからないし、むしろ無駄なことってないんだと思うし。たとえそのときに間違った選択だったと思ったとしても、あとあと考えたら「あれがあったからいまがあるな」と思えるというか。だから選択のミスはたくさんしてきていますけど、そこからの修正能力が大事なんだと思いますね。

――ボクは人生で起こる素晴らしいことのひとつは「結果オーライ」だと思っているんですけど。

武尊　あー、そうですよね。

――さらに「すべてのことに意味がある」と捉えられたら、また最高ですよね。武尊さんの身の回りではいろんな不条理なことが起きていて、そことどう向き合うかという作業もずっとされてきたと思うんですけど、それって本来ファイターとしてやる必要のないことですよね。

武尊　そうですね。いろんなことがありましたね。K－1ファイターになることを目指して東京に出てきたのに、東京に出てきたと同時にK－1がなくなって。最初は時代を恨んだし、昔だったらK－1の日本チャンピオンになった時点でいろんな人に知ってもらえていたわけですから。いま世界チャンピオンになってみても、「まだこんなに知られていないんだ。これが昔だったら……」っていう悔しさもあったんですけど、それがあるからこそ自分で「人に知ってもらうためにはこうしよう」とか「PRをこうしていこう」って凄く考えるようになったので。これが昔のK－1があった時代だったら、そ

こを自分ではやっていなかったと思うので、そういう意味では凄く勉強にもなったし、試合を観てもらえるありがたみとか、ファンが増えていく感謝みたいなのを凄く感じながらやっています。神様はボクにあえて厳しい道を与えてくれたからこそ、いまの自分があるんだなと。

「レオナ戦は凄く特別な試合だったし、ただ勝つだけじゃダメだっていうのは自分がいちばんわかっていた」

――格闘技の歴史で言えば、武尊さんの世代は完全に「失われた世代」でしたよね。

武尊　そうですね。

――草木も生えないような状況のときにプロとしての活動を始めて。そこから新生K－1が誕生し、MMAではRIZINが始動して、ここにきて格闘技がめちゃくちゃ盛り上がっていますよね。

武尊　本当にそうだと思います。格闘技自体がいま盛り上がっているのを感じますし、それはボクだけの力じゃなくて、それこそ天心選手もいるし、YouTube界隈から盛り上げている人もいるし。ボクはテレビの業界から格闘技を盛り上げようと思って芸能活動を始めたんですけど、そうじゃないところからも盛り上げていく選手がいて、いろんなジャンルで格闘家が活躍し始めていますよね。

――こうなることをずっと望んでいたわけですよね。まだ満足はされていないのかもしれないですけど。

武尊　「まだまだだな」とは思いますね。

――K－1がもし復活していなかったら、武尊さんは何をやっていたんですかね？

武尊　いやでも、格闘技はずっとやりたかったし、それこそKrushでやっていたときも「早くK－1を復活させたい」っていう気持ちでずっとやっていたので。やっぱりK－1を復活させるため、そのK－1に出るためにっていう気持ちでずっとやり続けていたと思いますね。もう小学生のときから「K－1チャンピオンになりたい」と思ってずっとやっていたので、そこはブレないし、変わっていなかったでしょうね。

――先日のレオナ・ペタス戦は、K－1のひとつの到達点だったのかと思うんですけど、本当に感動しました。

武尊　ありがとうございます。そう言っていただけるとうれしいです。

――試合内容がちょっと出来すぎくらいじゃないですか？

武尊　いや、そう思われるくらいに持っていきたかったんですよ。今回の試合はボクにとって凄く特別な試合だったし、ただ勝つだけじゃダメだっていうのは自分がいちばんわかっていたので。勝って当たり前プラス、3大会あったK－1 FIGHT WEEKの最後のメインイベントで、1週間前のK－1も盛り上がっていたし、前日のKrushも盛り上がっていたし、当日もKO連発で盛り上がっていたから、「その最後を俺が締めなきゃいけない」っていう気持ちもあったんで。ボクの中では、そうして「出来すぎだ」と言われるくらいのことをやらなきゃいけないんだという意識でした。

――みんな同じようなことを言うんですけど、実際は「最後は俺が締めなきゃ」っていう意識って格闘家は希薄だと思うんですよね。

武尊　ほかの人たちにはあまりないと思います。ボクも最初のほうは全然なかったです。自分のことで精一杯で、メインだろうが1試合目だろうが、とりあえず勝つことにしか集中できなかったんですよ。それがここ何年もずっとK－1のメインでやらせてもらってきていて、メインが微妙だと大会が締まらないということを凄い感じるんですよ。

――それは試合後にですか？

武尊　試合中でもそこまでは考えていないですけど、瞬間瞬間で自分を俯瞰で見るときがあって、「あっ、いま会場が盛り上がってるな」とか「もっと盛り上げなきゃ」とか、「このままズルズルと判定までいったらヤバいな」とかって感じるときはありますね。

――相手と同時に客席とも闘っている。

武尊　それこそ金的を蹴られた試合があったんですけど、試合がいったん中断しちゃってめちゃめちゃ苦しんで吐いたりもしていたんですけど、その間も「ヤバい。会場がしらけてる……」ってことだけを考えていましたね（笑）。

――ビクトー・サラビア戦ですね（2017年4月22日・代々木第二体育館）。ボクも会場で観ていました。

武尊　あのときはとにかく「早く試合を再開しないと」っていう。「ちょっと盛り上がりが少ないから、近い距離に行って多少パンチをもらうぐらいしないと盛り上がらないんじゃないか？」ぐらいの気持ちで打ち合いに行ったりとかもありますし。

――武尊さん、本当にすみません。あの金的に関しては、わざとのたうち回ってるんだと思ってました。

武尊　わざと？（笑）。

――試合を盛り上げるためというか（笑）。

武尊　いやいやいや、それはないですよ（笑）。

――だって試合続行は不可能なんじゃないかってくらい苦しそうにしていて、そこから復活しての凄まじいKO勝ちだったじゃないですか。本当に変な意味じゃなくて、「すげえな、ここまでして魅せるか」って感心したんですよ。でもすみません、本気で痛かったんですね（笑）。

武尊　エグかったですね。あのあと血尿が1週間くらい出ましたから。

――やっぱり試合があまり盛り上がらなかったときは、勝っても気分的には最悪ですか？

武尊　そうですね。判定で終わったときなんかはずっとモヤモヤしてますね。ＫＯで勝てなかったときや、スッキリした勝ち方じゃないときはいつも。

「天心選手のことだけじゃなく、コロナ禍での大会開催が叩かれたときなんかも、その批判が全部ボクに来るんですよ」

――メインを締める、盛り上げるためのテクニックみたいなものってあるんですか？

武尊　そこのテクニックはないですけど、気持ちを出している試合ってやっぱりおもしろいし、気持ちでぶつかっている試合のほうがたとえ判定であろうがお客さんは盛り上がるので、ボクは毎回気持ちを全面に出して闘うことを意識してやっていますね。そうすると自ずと盛り上がるっていうのも自分ではわかるので。

――その「盛り上げる」っていうのは、武尊さんの個人的な欲求ですか？

武尊　個人的でもあるし、「ボクがK－1」だと思っているんで、盛り上がらなかったら「やっぱりK－1はおもしろくないんだな」って言われてしまうという他団体との闘いもあるし、ほかのスポーツやエンターテインメントとの闘いでもあると思うので。

――個人的な欲求がK－1を背負うことなんですね。

武尊　そうですね。やっぱり「K－1がおもしろかった」って言われるのがいちばんうれしいんですよ。こないだの大会も「やっぱK－1が最高だよね」っていう声が多かったので凄くうれしかったし。エンターテインメントっていろいろあるじゃないですか？　音楽もあるし、映画もあるし、舞台もあるし、いろんなスポーツも含めた中で「K－1って最高のエンターテインメントだよね」っていうふうに思ってもらえたらうれしいです。エンターテインメントって、おもしろさだけじゃなくて、生きる希望やパワーがもらえるものだと思うので、こないだの試合でもそういうものがみんなにちょっとでも伝わっていればいいなって。

――数あるエンタメの中で、K－1が最高だと思える部分ってどこですか？

武尊　格闘技って直接的な痛みに耐えながら、ケガをさせ合いながら、それを乗り越えていくスポーツですよね。それって凄く特殊で特別なものだと思うし、見る角度を変えたら野蛮だと思われるのかもしれないですけど、人生って痛みの連続じゃないですか。一般の人なら肉体よりも心の痛みとか。格闘技にはそれを乗り越えられるパワーを伝えられるんじゃないかと思っていますね。ボク自身もちっちゃい頃に格闘技を観ていて、苦しくても乗り越えていく姿を自分の人生と照らし合わせていましたから。「苦しいことがあっても、それを乗り越えたらいいことがあるからがんばろう」って思えたし、ボクもそれを伝えていけたらいいなと思って格闘家になろうと決めたし。

——たしかにそういう格闘技の魅力が、武尊さんの試合には全部詰まっているような気もしますね。

武尊　たぶん、自分の中でも意識してやっているところはあると思うんですね。はっきりとこうしようと思っているわけじゃないんですけど、試合中もどっかにそういう意識はあると思う。

——自分が格闘技を通じて何を伝えたいのか、もしくは伝えてもらったことが常に意識としてある感じですよね。痛みということで言うと、「天心とやれよ」っていうアンチの声みたいなものがここ数年非常に多かったわけですけど、そこに対する理不尽さみたいなのは感じていなかったですか？

武尊　いやもう、ずっと悔しかったですね。そこから団体同士がモメにモメちゃって収拾がつかないというか、選手同士の「やりたい」という気持ちじゃないところでいろんな障害があったので。それで、その批判が全部ボクに来たんですよ。それで「俺はいつでもやるって言ってるし、だけど契約があるならその条件をクリアしないとできないし、やりたいのならK−1のリングに来てください」っていうところから始まって。そのあと裁判になったりもしてボクが向こうの名前を出せない時期があったんですけど、その間に向こうは普通に発言をしているし、そうなると図式的に「武尊が逃げている」となったり「天心のほうが強い」ってなったりして、どんどん追い込まれていったんですよ。でも、そこでボクが何か言い返したところで格闘技界がゴチャゴチャしているふうにしか見えなくなっちゃうわけで、業界が悪いイメージにしかならなくなると思ったのでそこは耐えていたし、いくら言い合ったところで試合が実現できるわけでもなかったので、表でゴチャゴチャするよりもしっかりと裏から試合の実現に向けて交渉していかなきゃいけないと思ってずっとやっていましたね。それが去年（2020年）の大晦日にやっと形としてRIZINの会場に行けるというところまで持っていけたのは大きな進歩だったし。それを実現することでボクがいままで誹謗中傷されていたこととか、悔しかった気持ちっていうのがやっと晴らせるというか、みんなに証明できるなって。わりとそれをモチベーションにここ数年はやっていましたね。

——でも試合が実現しないことに関して、武尊さんに批判の声を浴びせるっていうのはちょっとバカすぎだと思わなかったですか？

武尊 まあでも、普通に考えたら団体を叩くといっても叩きようがないんですよ。団体のホームページとか、ネットでいくら書いたところで、その声が団体に届いてるのかっていうのは特定しづらいというか。そこでやっぱりK－1の看板はボクなので、それこそ天心選手のことだけじゃなく、コロナ禍でのK－1の大会開催が叩かれたときなんかも、その批判が全部ボクに来るんですよ。「おまえが止めろよ」みたいな。

——だから、いち選手に「おまえが止めろよ」っていうのがバカっぽいですよ。

武尊 「コロナの感染者が増えて死者が出たら、おまえは人殺しだぞ」みたいなDMが1日に何百件とか来てて。

——あっ、DMもガンガン来るんですね。

武尊 来ます、来ます。こっちはK－1を背負ってるぶん、そういう運命というか宿命だなと思って、そうやって言われるのはしょうがない、むしろそういうものに耐えられる人間は自分以外にいないんじゃないかなと思っているので。それでこの数年はずっと耐えてきましたけど、「どこかに希望がある。絶対にどこかで証明できる。みんなを見返すことができる」っていうふうに自分の中では自信が持ってがんばってこられたかなと思いますね。

——DMとかにはすべて目を通しているっていうのは本当ですか？

武尊 基本は見るようにしています。一時期、耳が聴こえなくなって見るのをやめた時期もありましたけど。

——過度のストレスから突発性難聴になったんですよね。

武尊 右耳のほうですね。ちょうどコロナのことと天心選手のことが重なったときなんですけど。

「現役をやっていて満足したことがないんですよ。昔のK－1に追いついて、追い越さないと満足できないんだろうなって」

——「あれ、聴こえないわ」って。

武尊 最初は水が溜まっているのかなと思ったんですけど、耳をほじくっても治らないし、「なんかおかしいな？」って。それでいろいろと調べて病院に行ったら、「突発性難聴」って言われて。1カ月くらい聴こえなかったですね。

——2020年3月の試合前ですよね。

武尊 そうです。だから試合のときは右耳が聴こえていなかったし、試合が終わってからも数週間は聴こえなくて。「この状態があまり長引くとずっと聴こえなくなる」って言われ

Klein

KAMINOGE vol.113

定期購読のご案内!

より早く、より便利に、そしてお得にみなさんのお手元に本書を届けるべく「定期購読」のお申し込みを受け付けております。

発売日より数日早く、税込送料無料でお安くお届けします。ぜひご利用ください。

- ●購読料は毎月1,120円（税込・送料無料）でお安くなっております。
- ●毎月5日前後予定の発売日よりも数日早くお届けします。
- ●お届けが途切れないよう自動継続システムになります。

お申し込み方法

※初回決済を25日までに、右のQRコードを読み込むか、「http://urx3.nu/WILK」にアクセスして決済してください。以後毎月自動決済を、初月に決済した日に繰り返し実行いたします。
【例】発売日が5/5の場合、決済締め切りは4/25になります。

※セキュリティ設定等によりメールが正しく届かないことがありますので、決済会社（@robotpayment.co.jp）からのメールが受信できるように設定をしてください。

※毎月25日に決済の確認が取れている方から順次発送させていただきます。（26日〜28日出荷）

※カードのエラーなどにより、毎月25日までに決済確認の取れない月は発送されません。カード会社へご確認ください。

未配達、発送先変更などについて

※ホームページのお問い合わせより「タイトル」「お名前」「決済番号（決済時のメールに記載）」を明記の上、送信をお願いします。
返信はメールで差し上げておりますため、最新のメールアドレスをご登録いただきますようお願いします。

また、セキュリティ設定等によりメールが正しく届かないことがありますので、「@genbun-sha.co.jp」からのメールが受信できるように設定をしてください。

株式会社　玄文社
［本社］　〒108-0074　東京都港区高輪4-8-11-306
［事業所］東京都新宿区水道町2-15 新灯ビル 3F
TEL 03-5206-4010　FAX03-5206-4011
http://genbun-sha.co.jp　info@genbun-sha.co.jp

KAMINOGE

Calvin klein

て、病院でステロイドかなんかの注射を打ったのかな。それで1週間くらいでなんとか聴こえるようにはなったんですけど、後遺症というかちょっと溜まっている感じは残ってしまいました。

――溜まってるっていうのは？

武尊　水の中で音を聴いているみたいな感じなんですよ。いまも聴こえはするんですけどね。

――精神的にはまだまだ大丈夫だと思っていても、そういうのって身体に反応が出ますよね。だから武尊さんもじつは相当食らってたってことですよね。

武尊　ボクはけっこう溜め込むタイプなので、溜まりすぎちゃったのかなっていうのはあるんですけど。

――今日、こうしてお話を聞いていても、吐かないタイプなんだなと思いました。溜めたものを自分の中で循環させて、綺麗にした状態で出そうっていう。

武尊　それはこの数年でできるようになりました。最初は本当にキツかったし、「全力でやっていて試合も勝ち続けているのに、なんで俺だけこんなに叩かれるんだろう？」っていう悔しさや苦しさはずっとありましたけど、この数年で強くなりましたね。

――そこの強さって、ファイターとしてもプラスに作用するんですか？

武尊　どうなんですかね？（笑）。試合前とかはあきらかにコンディションが悪くなりますからね。ただでさえ試合前のストレスがあるのに、プラスして自律神経のバランスが崩れて体調不良も常にあったので。本当に薬を飲みながらじゃないとできない時期もあったから、身体にはいい影響は絶対にないんですけど、メンタル的には試合の日になると「これだけ苦しい思いをしてきたんだから、俺が負けるわけがない」っていう変な自信になるんですよ。「こんなに苦しんでる格闘家はほかにいないだろ」って（笑）。

――それは間違いないですね（笑）。

武尊　みんなは練習だけして、試合のためにコンディションを整えて試合に向かって行ってるのが、自分はそれ以外のいろんなことに対するストレスを全部受けて、「これだけ苦しんでる格闘家はほかにいないから絶対に俺のほうが強い！」っていう自信を持って試合に向かっていましたね（笑）。

――「おまえらは強くなるための練習をしてるだけだろ」って（笑）。

武尊　それが普通なんですけどね（笑）。「これだけ苦しみながらリングに上がれないだろ？」っていう変な優越感じゃないですけど、そう切り替えてやっていましたね。

――噂レベルで聞いた話だと、天心戦の実現に向けて武尊さん個人でやれること、できることでずっと動いていたっていう。

武尊　それはずっとやっていましたね。「このまま待っているだけだと引退までできないな」と思った時期があったので、いろんな人に会ってお願いしたりとか、逆にいろんなところから「ウチで実現させるからちょっと話をさせてよ」って近づいてきた人もいっぱいいたし。去年の大晦日に向こうの会場に行けるような形になるまで、何人の人に頭を下げに行ったんだろうっていうのはありますね。

――本当だったんですね。そんな動きはまったく表に出ていないので、みんな驚くでしょうね。

武尊　試合をしているだけで「やりたいです！　やりたいです！」って言っていてもできない状態だったので。ボクが表であまり発言をしてこなかったのは、それだと口だけになっちゃうから。団体の契約でできる状況じゃないのに「やりましょうよ」って言っていたら、それはただ人のせいにしているだけじゃないですか。「実現できないのは団体のせいですよ」ってしちゃうのは凄い嫌だったというか。やっぱりK－1自体が叩かれていた時期もあって、「K－1の契約のせいで実現できないんだ」とか言われるのが嫌だったので。

――それもやっぱり嫌なもんなんですね。

武尊　嫌ですね。ボクがあこがれた団体だし、K－1ファイターになりたいと思ってずっとやってきたし、K－1という大会がやっぱり好きなんですよ。昔ブームだったときのK－1にパワーをもらったっていう人もたくさんいて、その輝かしいK－1がボクのせいでイメージを下げることになったら悲しいじゃないですか。だから「じゃあ、K－1のせいじゃん」ってなるのを避けたくて、ボクは表では発言しなかったんです。

――武尊さん、言ってもまだ29歳ですよ。ファイターとしては円熟期だとしても、社会人として考えたらこんな濃密な20代を過ごす人はなかなかいないですよ（笑）。

武尊　だから本当にありがたいんですよ。昔のK－1の時代に自分がいたらここまでの経験はできていないと思うので、人としてもっとブレちゃっていたんじゃないかと思います。K－1を目指して東京に出てきたのに、闘う場所、目標とする舞台がないとなったときの悔しさとかを味わいながらずっとやってきたので、現役をやっていて満足したことがないんですよ。それって昔のK－1を観て育ったから、昔のK－1に追いついて、さらに追い越さないと満足できないんだろうなって。だからベルトを何本獲ろうが満足できないっていうのは、自分がやりたいことがまだできていないからなんでしょうね。地上波ゴールデンタイムで生中継っていうのをやりたいって言っていたこともまだ実現できていないし。日本中、世界中の人が好きなK－1を復活させたいので、そういう意味ではまだまだ全然だなって。

――でもリング上も含めて、武尊さんがここまでやられてきたことって魔裟斗さんたちを超えているんじゃないかと思うんですけどね。

武尊　いやいや、それはまだまだです。魔裟斗さんがやってきたことって凄いことだと思うんですよ。それまでなかった軽量級という文化を作ったのは魔裟斗さんじゃないですか。格闘技といえば、プロレスラーとか昔のK－1のヘビー級選手とかっていう100キロを超えている人たちという時代に、そうじゃないK－1というものを作ってくれた魔裟斗さんは本当に凄いし、0から1っていちばん難しいじゃないですか。

「会う人みんなから『おまえ、天心とやらないのかよ。逃げてるのかよ』って言われて、家から出なくなった時期もあった」

――たしかに超えた、超えていないの話じゃないのかもしれないですね。軽中量級の扉を開いてくれた人ですもんね。

武尊　だからボクのときはゼロではなかったんで。昔のK－1っていうものがあったから0・7ぐらいはあったので（笑）。

――昔のK－1が何事もなくあのまま続いていたら、「俺、めっちゃ大スターじゃん」っていうのは正直ありますよね？

武尊　あります。いまはだんだんと知ってもらえるようになって、K－1の認知度が上がってきているんですけど、地上波でやっていないぶん昔ほど全層には知られていないというか。昔は大晦日に視聴率40パー超えとかありましたからね。だからボクは人からよく「天狗にならないよね」って言われるんですけど、天狗になるヒマがないというか、天狗になることじゃないっていう。やっぱり昔のK－1を知っているからこそ、あそこまで行かないと満足できないし、凄いとは思えない。K－1をちっちゃい子どもからおじいちゃん、おばあちゃんまでみんなが知っているようなスポーツにしたいんですよ。

――あらためて、那須川天心という選手のことをこれまでどんなふうに見ていましたか？

武尊　最初はやっぱり「凄い選手が出てきたな」と思ったし、違う団体なので強さを比較するものがあまりないじゃないですか。だからこそ逆に興味が凄くあって、あんなに注目されて、勝ち続けていて、KOしまくっていて、「どんな強さなんだろう？」っていう。

――天心選手も彼なりのやり方でどんどん価値を高めていきましたよね。

武尊　あっちも盛り上がっているなっていう意味では凄いうれしかったし、ただ階級が近かったから比べられることもあるので、そういうときに「武尊よりも天心のほうが強い」って言われるのはやっぱり悔しかったですね。それは地上波が

TANC

あるかないかっていうのが凄くデカくて、ＲＩＺＩＮでも試合をやるようになってから向こうの知名度が上がっていったし、どうしても地上波でやっているものってメジャーに見えるし、メジャーに見えるってことはあっちのほうが凄い団体なんだってなるし。実際に闘っている選手のレベルで言えば、立ち技だったらＫ－１のほうが全然上なんですけど。

――ＲＩＺＩＮには旗揚げのときに出場されましたけど、あのときは「ここを足がかりに」っていう思いは当然ありましたよね？

武尊　そうですね。やっと地上波で試合ができたので。あのときはＫ－１代表として出ていたので、ＲＩＺＩＮという大会に出て、Ｋ－１の名前を売りにいく感覚というか。新しいＫ－１が復活したばかりで、Ｋ－１を知らない世代がいたり、昔のＫ－１は知ってるけど新しいＫ－１のことは知らないっていう人が多かったので、地上波に出させてもらうことで「新しいＫ－１をやっているんですよ」っていうアピールをしに行ったので。

――そこでたくさんのものを持って帰ってやろうという。

武尊　だからあのときの記者会見で「ボクはＲＩＺＩＮを食うつもりで来ました」って言ったんですけど、ＲＩＺＩＮの大会に出ているＫ－１の選手がいちばん目立って、「ＲＩＺＩＮを食ったな」って思わせようという気持ちで出ていましたね。

――そういう意味では、ここ何年かはポジション的にはけっしてど真ん中を歩いてきたわけじゃないですよね。

武尊　そうですね。ただ、それも運命だったんだろうなと思うので。注目されている大会でど真ん中を歩いていたら天狗になっていたかもしれないし、ここまで強くなれていなかったのかもしれないので。

――武尊さん、ご実家がお寺とかじゃないですよね？

武尊　えっ、お寺じゃないですよ（笑）。

――ちょっと達観しすぎというか、すでに悟りを開いていますよね（笑）。

武尊　いやあ、本当にこの数年でいろんなことがあったので……（笑）。

――いまだからお聞きしてもいいかと思うんですけど、天心選手のフロイド・メイウェザーとのエキシビションマッチはどんなふうにご覧になられていましたか？

武尊　いや、あのときの誹謗中傷がいちばん凄かったんですよ。「天心はボクシングのレジェンドとやってるのに、おまえは何してんだ？」みたいな。

――本っ当に大きなお世話ですけどね。

武尊　やっぱりメイウェザーって格闘技好きじゃなくても知ってたりするじゃないですか。だから凄く話題になっていたし、地上波でやっていたのもあって、格闘技好きじゃない人たちからまで叩かれ始めたんですよ。本当に誹謗中傷の数があのとき一気に増えたんで、外を歩いていても、そこらへんで歩いている人たちはみんな自分のアンチなんじゃないかって思うようになっちゃって。

――うわあ。

武尊 誹謗中傷の数が1日何千件とか来たこともあって、あのときはちょっと精神的にキツかったですね。メイウェザーと闘うことは凄いことだし、格闘家としてうらやましいっていう気持ちはあるんですけど、そういう悔しさっていうよりも苦しみみたいになっていましたね。

――天心選手の試合はかならずチェックされていたんですか？

武尊 だからそういう時期はまったく観ていなかったです。それはべつに天心選手を恨んでいるとかそういうことじゃないし、嫌いとかでもなんでもないんですけど、とにかく観るのが苦しくて。彼に関連した記事を見たりするのとかもキツくて、一時期SNSを見るのをやめたのもその頃なんですけど。「天心」っていう名前や顔が自分を苦しめているものに見えてきて。家の外に出なくなりましたし、人に会いたくないっていうか、あの時期はどこに行っても「天心とやれよ」みたいに言われていたんで。

――それは直接言われるんですか？

武尊 たとえばスポンサーさんとの会食とかあるじゃないですか。そういうところに行っても、会う人、会う人から「おまえ、天心とやらないのかよ。逃げてるのかよ」って。自分のスポンサーさんからもそう言われていたので、そのうちパニック障害が出ちゃって、人に会うとパニックになるっていう。

「日本人同士で世界最強を決められる試合ってなかなかないじゃないですか？絶対にやらなきゃいけないんです」

――えっ、パニック障害。呼吸がしづらいみたいな感じですか？

武尊 そうですね。息ができないみたいな。それと閉所恐怖症というか、どこに行っても逃げ場がないみたいな感覚になってしまって、あの時期は薬がないとテレビ番組にも出られなかったし。

――えっ、そうだったんですか⁉

武尊 そうなんですよ。だからずっと薬を飲んでいましたね。

――よく聞くのが新幹線とかに乗れないとか。

武尊 あっ、乗れなかったです。飛行機にも乗れなかったし、エレベーターも無理だし、最後は自分のクルマでもダメになっていましたね。クルマの密閉された空間が無理で乗れなくなってしまって。

――窓を開けてもダメなんですか？

武尊　窓を開けてすぐに降りられたらいいんですけど、高速道路とかだと降りられないじゃないですか。あと自分の家でも窓を開けていないと怖いとか、空が見えていないと無理とか。

――武尊さん、もうそれは健康体ではないですよね。

武尊　そうですね（笑）。

――耳が聴こえない、息もできないみたいな状態でずっと格闘技をやってきていたと。

武尊　やっていましたね。皇治と大阪でやったとき（2018年12月8日・エディオンアリーナ大阪）、試合当日も会場に入った瞬間にもう息ができなくなって、すぐに外に出ましたね。ちょっと屋根が低かったので。

――ああ。あそこはそれなりに大きな会場ではあるんですけどね。

武尊　広い会場ではありますよね。さいたまスーパーアリーナとかは全然大丈夫だったんですけど、大阪のときはちょっと屋根が低いなと思った瞬間に「この会場、怖い……」となってしまって。試合前も「試合中にパニックになったら嫌だな」っていう恐怖心でずっと心臓がバクバクしていましたね。あのときは考え出すと全部がダメになっていて。

――もう大丈夫なんですか？

武尊　いまだに体調が悪いときはたまになるんですけど、だいぶ自分でコントロールができるようになったんですよ。でもトラウマみたいになっているので、たぶん完治というのはないような気がしますね。いま、ここではまったく大丈夫なんですけど、たまにちょっとドキドキするときはありますね。

――これからも上手に付き合っていかなきゃいけない。

武尊　病院とかにも凄く通ったので、コントロールする方法を自分で見つけ出してはいるんですけどね。

――病院といっても、武尊さんはファイターなのにほとんど外科に行っていないですね（笑）。

武尊　アハハハハ。心療内科ばっか行ってます（笑）。

――そうして傷つきながらも、すべての物事をポジティブに捉えようとしている武尊さんですけど、キャリアや年齢的なものは気にならないですか？　武尊さんは29歳で、天心選手はいま22歳です。

武尊　まあ、ピークっていうのは人によって違うと思うので、お互いがピークだったら年齢は関係ないんじゃないかなって感じですね。それをこないだの試合で証明できたかなと思うし、過去最強の相手だったレオナ選手をああいう形で倒せたっていうのは、まだまだ自分が成長できている証だし。やっぱり拳をケガして、手術から半年間練習ができなくてっていうときは「もう終わりなのかな」ってなりましたけどね。運動能力とかそういうことじゃなくて、ケガで練習ができなくなったブランクを戻すっていうのが難しいことだったので、感覚とかも鈍ったし、そのときは「もう無理かな……」って思ったんですけど、それを乗り越えられたっていう強さもあるし。今回のレオナ戦まで約半年間にわたって追い込みをやったんですけど、いままで以上に成長できた半年間だったので「まだまだ伸びるな」っていうのを自分で感じましたね。

――「1回でも負けたら引退する」と公言していますけど、幕引きについて考えることはありますか？

武尊　まあでも、たぶん自分が満足したら現役をやめると思うんですよ。ピークってメンタルだと思っているので、気持ちがあれば運動能力が落ちてきたとしてもカバーできるし。メンタルさえあればピークをもっと上に持っていけるんだなっていうのは感じていますね。

――やっぱり那須川天心のことは相当認めていますか？

武尊　もちろん。じゃないと「やりたい」と思わないです。

――レオナ・ペタス選手やこれまで闘ってきたどの選手よりも、天心選手っていうのは上のレベルに位置する選手ですか？

武尊　格闘技は相性とかもあるので誰が強いっていうのは難しいんですよ。「この人には勝てるけど、この人には負ける」っていうのがあるので。だからレオナ選手が天心選手よりも弱いとは思わないし、だからといって天心選手がレオナ選手よりも弱いとも思わないし。だけど天心選手は本当に強いと思っています。だからこそやりたいし、それでもボクがいちばん強いと思っているので、それを証明したいなっていう気持ちですね。

――正直、おふたりのどちらかが負けているシーンが本当に想像できないんですよね。

武尊　格闘技の魅力って、そこで白黒つくところだと思うんですよ。どっちもいちばんだと思っているならいちばんを決めたいし。それと日本人同士で世界最強決定戦ができる試合ってなかなかないじゃないですか？　天心選手もいろんな世界チャンピオンを倒して、ボクもほかの世界チャンピオンをいっぱい倒してきた。そのふたりによって世界一を決められると思っているので、この試合は絶対にやらなきゃいけないんです。

武尊（たける）
本名・世川武尊（せがわ・たける）。1991年7月29日生まれ、鳥取県米子市出身。キックボクサー。K-1 GYM SAGAMI-ONO KREST所属。
幼少期よりK-1ファイターに憧れて空手を始める。素行不良で高校を3カ月で退学となり通信制の高校に再入学をし、空手からキックボクシングに転向。タイへの単身修行やアマチュア大会で経験を積み、高校卒業後に上京してチームドラゴンに入門する。2011年9月24日、『Krush.12』での戦でプロデビュー。初代Krush -58kg王者として活躍し、K-1復活となった2015年4月19日、『K-1 WORLD GP 2015 IN JAPAN～－55kg初代王座決定トーナメント～』に出場。トーナメント優勝を飾り、初代K-1 WORLD GP -55kg王座を獲得。2016年11月3日にはフェザー級（-57.5kg）初代王者決定トーナメントで優勝して2階級制覇を達成、さらに2018年3月21日に行われた第4代スーパー・フェザー級王座決定トーナメントでも優勝してK-1史上初の3階級制覇を成し遂げる。2020年12月31日、『RIZIN.26』に来場してかねてより対決が熱望されていた那須川天心の試合をリングサイドで観戦。試合後に那須川と握手と言葉を交わす。2021年3月28日、日本武道館で開催された『K-1 WORLD GP 2021 JAPAN ～K'FESTA.4 DAY2～』でレオナ・ペタスにKO勝ち。試合後、観戦に訪れた那須川に対戦をアピールした。

UPD'T

TEAM
TENSHIN

緊急企画

好きにならざるをえない！ 男として信用できる!!

武尊のもうひとつの顔『還暦熟女AVが好き』

※前ページまでのロングインタビューとはあまりにもトーンが違いすぎるため、急きょこちらで別枠としてお届けします。

構成：井上崇宏

「無料動画やサンプル動画でヌイてるヤツは男じゃないです」

――武尊さんって普段、何をしているときがいちばん楽しいですか？

武尊　なんですかね？　ご飯が好きなので、おいしいものを食べてるときとか。格闘家はみんなそうだと思うんですけど、減量するのでご飯への感謝というか、食べられることのありがたみっていうのが人一倍あると思うので、おいしいものを食べられるときが幸せですね。

――食えるときはうまいものを食うぞっていう。ちなみに何がお好きなんですか？

武尊　いちばんはカレーですかね。グルテンフリーをやってるので、外食よりも基本は自炊をしているんですけど。

――好きな女性のタイプってどんな人ですか？

武尊　笑顔がかわいい人。ボクはけっこう笑顔で人を好きになりますね。あとはインタビューとかでよく言ってますけど、ショートカットが好きです。

――じゃあ、武尊さんを落としたかったら

髪をショートにしてニコニコしていれば(笑)。

武尊 あっ、だからファンの人がけっこうショートにしているんですよね。ありがたいですね。

――逆に嫌いなタイプは?

武尊 タバコを吸う人ですね。あとはウソをつく人とかも嫌ですね。

――今日取材をさせていただいて、武尊さんって想像以上にストレートな人だなと思ったんですけど。もっと二面性というか、裏面の顔がありそうな気がずっとしていました。

武尊 いやいや、それはどうなんですかね。二面性はあると思いますよ。格闘技をやっているときと普段との差は自分でも凄いあると思っていて、試合中はたぶん人殺しができるくらいのメンタルになっているんですよ。でも普段はまったくそういうのがないし、ブチギレたりとかもないので。だから二面性はあると思います。

――でも強い人ってみんなそうじゃないですか。オフったら完全にオフ、無駄な力は使わないっていう。じゃあ、意外と格闘技以外のことはだらしなかったりとかしますか?

武尊 あー、でもけっこう几帳面かもしれないですね。自分がこうするって決めたことがちょっとでもズレるともう嫌になるっていうか。決めたら絶対にそうしないと気が済まないみたいなのはありますね。

――もしかしたら結婚とかに向かないタイプかもしれないですね。

武尊 あっ、本当にそうなんですよ。こだわりが強すぎて。

――人と一緒に住めないですよね。

武尊 住めないです。特に減量中とかは「ちょっとそれ、めちゃくちゃ気になるし、運気が下がるからやめてよ」とか凄いあるので。LINEの絵文字とかでも「黒星を使わないでくれよ」っていうのはあるし。「縁起が悪いからマジでやめてくれ。一生、それは俺に送ってくるなよ」って。

――怖い、怖い(笑)。

武尊 だからマネージャーにも最初の頃に言いましたよ。仕事の連絡事項を送ってくれるときに箇条書きで1個ずつに黒星を入れてきたので。

――仕事が多いほど、黒星の数も多いっていう……(笑)。

マネージャー 「●」と「★」がNGなので、それは初期の頃に怒られてからいっさい打たないようにしています。さっきの武尊選手がストレートだという印象を持たれたのは私もよくわかります。叩いてもホコリが出てこないというか、つまらないプライベートの話しか出てこないんですよ(笑)。

――本人の前で「つまらない」って言わないほうがいいですよ(笑)。

マネージャー やましいことがなさすぎて(笑)。でもAB型だし、二面性はめちゃくちゃあると思うんですよね。武尊さん、AVへの熱い思いは語らなくても大丈夫ですか?

武尊 えっ、なんでAVの話をここで?

マネージャー だって『KAMINOGE』だから。

――「だって『KAMINOGE』だから」もやめてもらっていいですか?(笑)。

武尊 『KAMINOGE』ってそういう雑誌でしたっけ?

マネージャー 真面目な格闘技の話ってあ

まり載っていないですもんね。

武尊　えっ、そうでしたっけ？

――全ページ、真面目な話しか載っていないですよ。武尊さんって熟女モノがお好きなんでしたっけ？（笑）。

武尊　熟女が好きですね（笑）。

マネージャー　しかもＡＶには絶対にお金を払うタイプですから（得意げに）。

武尊　そうです。無料動画やサンプル動画でヌイてるヤツは男じゃないと思っているんで。やっぱり作っている方たちもプロフェッショナルなので、ちゃんと課金はしないと。ボクはＦＡＮＺＡを有料で観ていますね。

「着物を着たおしとやかなおばあちゃんがこんなに乱れるの!?」

――いや、ちょっと待ってください。ここ数年、武尊さんにＡＶを楽しむ時間ってありましたっけ？（笑）。

武尊　むしろＡＶしかないですよ（笑）。

――アハハハハ！　なるほど！（笑）。

武尊　プライベートで女の子と遊べなくなっちゃったし、それこそ知り合ったりもないし、夜の街に出たりもしなくなって、お酒もやめて人と関わらなくなったので。人は裏切るけど、ＡＶは裏切らないですから。何回観ても同じ言葉をくれるじゃないですか。

――武尊さん！　いまクルマを回してくるんで、一緒に病院に行きましょう！（笑）。

武尊　アッハッハッハ！

――ヤバい、ヤバい（笑）。ＡＶは裏切らないんですか？

武尊　裏切らないですね。東京の女性は怖い人ばっかりなんで。

――東京の女性は怖い（笑）。

武尊　ウソばっかつくんで。

――それは武尊さんのまわりだけですよ。そういう人たちが寄ってきがちなステータスだからですよ。そんなにウソばっかつかれてきたんですか？

武尊　ウソばっかつかれて嫌なことがいっぱいあったので「ＡＶは裏切らないよな」って。ＡＶだけがボクの心の支えです。

――そこにさらに包容力を求めた結果、熟女好きになっちゃったとか。

武尊　熟女は19歳ぐらいのときからですかね。ＡＶが好きだったからいつもＴＳＵＴＡＹＡで借りてたんですよ。でも当時はお金がなかったんで、「５本で１０００円」とか安い日にまとめて借りたやつを１週間かけてゆっくり観るみたいなことを心の支えにしていたら、近くのＴＳＵＴＡＹＡのＡＶコーナーにあるタイトルをほぼ全部観ちゃったんですよ。

――めちゃくちゃ心を支えまくったんですね。

武尊　そうなると新鮮さがちょっとなくなってくるんですよ。そうなったときに普通のＡＶじゃ興奮できなくなってきて、「なんか変わったのが観たいな」と思ったときに観たのが〝還暦熟女〟だったんですよ。

――還暦熟女！

武尊　60歳オーバーの熟女モノを観たときに衝撃を受けて……。

――どういった衝撃ですか？

武尊　若い女性とかがヤってるのって想像がつくじゃないですか？「そりゃヤるだろうな」みたいな。

――そりゃヤるだろうな（笑）。まあまあ、おっしゃっている意味はわかりますよ。
武尊　でもボクらのイメージからすれば、おばあちゃんは絶対に乱れないじゃないですか？　しかも着物を着たおしとやかなおばあちゃんなんですよ。
――まったく乱れそうな気配がないですね。
武尊　そういうことをしなくなるような人が「こんなに乱れるの!?」って。そのギャップにやられてしまって、一時期は還暦熟女でしかイケないときがありましたよ（笑）。あまり本数もないんですけど。
――そこまでニーズもないでしょうからね（笑）。
武尊　熟女モノも観切っちゃったので、また元に戻ってきましたけど、そんな時期もありましたね。
――いまだに熟女モノはお好きですか？
武尊　好きです、もちろん。
――でもプライベートでも熟女とお付き合いしたいとかはないですよね？
武尊　そうですね。熟女で独身って人もなかなかいないので。
――そこ!?（笑）。
武尊　わかんないですけど、1回試してみたいなとは思いますけどね。あとはAVが好きすぎる話としては、マジックミラー号ってあるじゃないですか？
――はい。ボクも大好きです。
武尊　あの撮影現場に出くわしたことがあるんですよ。
――えっ、あのトレーラーが停まってたんですか？
武尊　いたんですよ。それで看板を持っている人がいて「マジックミラー号撮影中」って書いてあって。
――場所はどこですか？
武尊　町田のソフト・オン・デマンドの前で撮影をしていたんですよ。それでテンションが上がって、みんな近くまで行って観てたんですけど、その中に自分も入って、食い入るように観てて（笑）。だからどっかの作品にボクがずっと観ている姿が映ってますよ。
――読者の中でヒマでしょうがない人がいたら、ぜひ見つけ出して晒してほしいですね（笑）。
武尊　そのときに付き合っていた人がいて、同棲をしていたんですけど、テンションが上がりすぎてこのことを誰かに話したいってなって、家に帰ってすぐにその彼女に話したんですよ。「さっきマジックミラー号が撮影しててさ、めっちゃテンションが上がったー！」って言ったら、彼女がブチギレて、そのまま家から出て行きましたからね（笑）。
――武尊さん。いま『KAMINOGE』読者のハートを全部持っていきましたよ。
武尊　ボク、『KAMINOGE』ってもっと硬派な雑誌だと思っていましたよ。

平本蓮

総合格闘家

収録日：2021 年 3 月 31 日
撮影：当山礼子
聞き手：井上崇宏

武尊と那須川天心を
至近距離で見てきた男が、
ここにきて複雑な心境を語る。

「どんな格闘家やファンよりも
ボクがいちばん楽しみにしている。
でもどちらかが負けて、傷ついちゃって、
悲しみが残るんですよ。
ここまで作り上げてきたもの
すべてを失っちゃうような感じがして、
それが格闘技のおもしろさなんですけど、
観たくないような気もして」

IN
HOTEL
CASANOVA

「どういうふうに終わるのがいちばんいい結末になるのか、自分の中で答えが出ない」

――会場で開演前にばったりお会いしましたけど、ザ・クロマニヨンズのライブ、超よかったですね（笑）。

平本　あー、よかったですねえ。もう1カ月以上前ですかね。

――2月20日でしたね。ボクが前々から思っていることは、平本さんのような「ブルーハーツしか聴かない」って人にこそクロマニヨンズのライブを観てほしいんですよね。

平本　いやなんか、ちょっと前から音楽に対して意識を変えたというか、こんなことを言っても（甲本）ヒロトさんが言っていた言葉をそのまま真に受けているただのキッズなんですけど（笑）。テレビ番組に出たときにヒロトさんが「日本人は歌詞を聴きすぎてる」って言っていて、要するに音として楽しんでいないみたいな。あんな凄い詞ばかりを書いているヒロトさんがそういうことを言えるのってカッコいいなと思って、ボクもちょっと歌詞だけにこだわらずに聴いてみようと思ったんですよ。そうしたら音楽の視野がまた広がったというか、好きな曲がどんどん増えていって。

――「歌」というよりも「曲」を聴く感じっていうか。

平本　そうです。もうジムに行く移動中とかに聴くのとかが楽しいっス。それでクロマニヨンズとかハイロウズのアルバムを漁ってみたんですけど、あの人たちの曲ってサブスクリプションにないじゃないですか？　だからどうせ曲を買うならCDじゃもったいないし、レコードを聴ける機械もあるから、渋谷のレコードショップでハイロウズやクロマニヨンズのアナログを買い集めて聴いて、あらためて「やっぱいいなー」って。

――やったあ（笑）。

平本　クロマニヨンズは中学生くらいのときもよく聴いていたんですけど、あの頃って自分の中でいまよりもメロディを凄く大切にしていた時期っていうか、中学生なんで歌詞を見たって意味がよくわからないじゃないですか？　だから、いま思えば大人になったときよりも音自体を楽しんでいたと思うんですよね。それで中学時代にハマった曲とかをいま聴いてもいいなって思うし、逆に昔ハマっていなかった曲がいまになっていいなと思ったりもして、復習しているみたいで楽しいっスね。

――しかもライブはさらによくないですか？

平本　めちゃくちゃいい経験になったっスね。ライブに行って、特に『タリホー』は生で聴いてみて「おーっ！」ってなりましたね。感じるっていうか、より伝わったっていうか。ホントによかったっス。あの会場もなんかよかったですよね？

――東京ガーデンシアター。新しくてめっちゃカッコいい会場ですよね。

平本　こないだ3月21日のK－1に、篠塚辰樹のセコンドで弟と一緒に行ったんですけど、同じ東京ガーデンシアターだったんですよ。それで控室に行って弟と「ヒロトとかが1カ月前にライブで使ってた控室だぞ。ヤバくね？」とか言ってて、もうオタクみたいなことをめっちゃしゃべってたんですよ。そこはテンションが上がったっていうか（笑）。

——アハハハハ。それで今日は、武尊選手と那須川天心選手がついに激突しそうだという機運が高まっているので、そのふたりをよく知る平本さんにいろいろとお聞きしたいなと思っていまして。

平本　なるほど。格闘家はみんな「楽しみだ」って言うと思うんですけど、どんな格闘家やファンよりもボクがいちばん楽しみにしている試合ですよ。それこそ天心に関しては、プロデビューしたとき、RISEでチャンピオンになったときとか、一般に知られる前からボクは観ていたわけじゃないですか？　でも当時からすでに格闘技ファンの間では「（武尊戦が）観たい」って言われていたんですよね。んー、どうなんですかね？　本当に実現するってなっても、やってほしいようなやってほしくないような気もする。やらなかったほうが伝説になるんじゃないかとか、いや、それはやったほうが伝説になるよなとか、それをいま自分の中で考えていて。

——本当にあのふたりが闘っていいものかと？

平本　でもそこには結論がないというか、自分の中で答えが出ないんですよね。どういうふうに終わるのがいちばんいい結末になるのかとか、こうなったら凄いなとか、そういうのはありますけど、どっちが負けても悲しみが残るわけじゃないですか。ふたりとも凄い選手なのにどっちかが傷ついちゃう、この何年間で作り上げてきたものすべてを失っちゃうような感じがして。当然そこが格闘技のおもしろさでもあるんですけど、でも観たくないっていうか……。だからボクは「もし実現しても観なくてもいいのかな」と思ったりもするんですよね（笑）。

——紆余曲折を経て、ようやく実現しそうだっていうのに「観ない」っていう選択は凄いですね（笑）。

平本　結果すらも聞かないぐらいのほうが（笑）。ただ、もし本当に試合をやるとなった場合、その勝敗予想っていうのはこれまで死ぬほど聞かれてきたっていうか。

——そうでしょうね。

平本　キックボクシングという競技のすべてを理解していて、よりキックボクシングっていうものをできるのは天心なんですよ。スパーリングだったら何回やっても天心が勝つと思うし、試合でも天心が勝ちに行こうと思ったらたぶん負けないんです。アイツはそのぐらい勝利に貪欲だから。ボク、あんな負けず嫌いの人間を見たことがない。

ONLY.
woo

「小学生の頃のキツい練習があったから、なんでも乗り越えられるようになったよねって天心ともしゃべったことがあった」

――多くのファイターの中でも負けず嫌い。

平本　武尊さんのことも「負けず嫌いだ」ってみんな言うんですけど、天心は本当に負けず嫌いですから。ボクが小学校のときにアイツの家に泊まりに行って、当時『イナズマイレブン』っていうゲームを一緒にやっていて、寝る前にボクが1回勝ったんですよね。それで寝ようとしたら、アイツは負けたことが悔しくて、そのまま寝ずにひたすら朝8時くらいまでゲームをやってたんですよ。

――その敗戦から一睡もせず（笑）。

平本　ずっとですよ。それで朝方に起こされて「やろうぜ！」って言ってきて、それでやったらめちゃくちゃ強くなってるんですよ（笑）。ボクは「べつにゲームぐらい負けていいよ」っていうタイプなんで「おお、強いね」っていう感じだったんですけど、そのぐらい小さい頃から負けず嫌いだったっスね。

――ちょっと病的な。普通は格闘技以外のことなら、べつに負けたってどうってことないですよね。

平本　そうなんですよ。あとはジムで遊びでPK対決とかやっていても、ボクはまっとうに闘えないんで、ちょっと有利にするためにセコ技を挟んで勝つみたいなことをやるんですけど（笑）、アイツは負けず嫌いだからそれで超ムキになって、こっちが引くくらいがんばるんですよ。だからキックの試合でも、そこがアイツのいちばん強いところだと思っていますし、だからあんなに負けないんだと思うんですよ。スピードが速いとか技術うんぬんじゃなくて、アイツは本当に負けず嫌いだから。

――まず気持ちありきという。

平本　だから武尊vs天心は、天心が勝ちに徹したらたぶん天心（の勝ち）なんですよ。だけどそこで「いい試合をしてやろう、その上でぶっ倒してやる」っていう熱い気持ちを持ってやる感じになったら武尊選手かなと。

――それはなぜですか？

平本　熱い試合展開になったときの武尊選手の爆発力っていうのは、ちょっと飛び抜けてるなっていうのはありますね。あの空間でのヨーイドンが強いっていうか。だから天心にちょっとでも「試合を盛り上げよう」っていう気持ちがあったら武尊選手に分があるのかなって。それは最近、自分の中で結論づいたことで、こないだの試合（3月28日・レオナ・ペタス戦）を観ても武尊選手はめちゃくちゃ強いし、天心もめちゃくちゃ強いじゃないですか。どっちが強い弱いじゃなくて、本当に勝ちに徹したら天心、試合を盛り上げようっていう状態になったら武尊選手なのかなって。でも、そこで勝ちに徹することを選べるのも天心の強みなんですよ。その状況でも空気を読まずにいけるところが凄いし、尊敬するっスよね。マジで最近になってより尊敬してるっス。天心は凄いっス。だからそういうのをいろいろ考えちゃって、ボクは観たくないんですよね。

——そもそも天心選手との出会いは何歳のときですか？

平本　小学校5年生くらいですかね。同じ極真の大会でワンデートーナメントでチャンピオンを決めるっていうのに出ていて、それこそボクが初めてアマチュアのベルトを巻いたのがその大会だったんですけど、そのとき1階級下で試合をしていたのが天心だったんですよ。その頃、アマチュアの試合を観ていて「おー、強いな」って思う子はいても、「なんだ、この動きは!?」ってなるヤツはいなかったんですけど、天心はアマチュアなのに当時からフットワークをうまく使っていて、極真って体重は関係ないじゃないですか？　だから自分よりも大きな子を相手に、当てて逃げて当てて逃げてっていうのをひたすらやっていて、いまが完成型であるんですけど、その頃からファイトスタイルは一貫して変わっていないんですよ。親父（那須川弘幸氏）とふたりでずっと同じことをやってきたから。

——ＹｏｕＴｕｂｅで小学生時代の極真の試合を観たことありますよ。

平本　小学生ながらにボクの中での考え方っていうのは「とにかく殴って打ち勝つ」っていうのが格闘技だと思っていたので、「凄い賢く闘うヤツがいるな」と思って。そうしたら天心がウチのジムに出稽古に来たんですよ。ボクが通っていたジムは子どもしかいなくて、プロがひとりもいなかったんですね。それこそ、そのジムで1からやったのはボクひとりくらいで、あとはほかのジムから強かった子がウチに来てっていうのはあったんですけど。それで天心のお父さんが「このジムはいい」って言って天心も来るようになって、小6の始めくらいからですかね、一緒に練習するようになっていって。付き合いはそこからですね。

——最初、「あっ、あの子だ」ってなりますよね。

平本　そうっスね。それでスパーリングとかしたら「速いなー！」と思って。最初はそのスピードに面食らったんですけど、それから一緒に毎日何時間もスパーリングをするわけじゃないですか。天心と延々とスパーリングをやったあの小学生の期間があったから、自分はいまめちゃくちゃサウスポーが得意なんですよ。いまでも思うんですけど、めっちゃ練習がキツかったんですね。いまどんなにキツい練習をやっても、あのときの練習のほうがキツすぎたから「あの頃があったから、なんでも乗り越えられるようになったよね」って天心ともしゃ

べったりとかしたことがあって。12時間くらい練習するときもあったんですよ。

――えっ、1日12時間⁉

平本　天心のお父さんは厳しいじゃないですか。自分のジムの会長も厳しかったんで。

――止めるヤツがいないと（笑）。

平本　止めるヤツがいないんですよ。毎日がオーバーワークだし。

「武尊さんは貪欲というか、すべてを奪ってやるっていう気持ちが誰よりも強い。そこはボクにも天心にもない」

――毎日がオーバーワーク（笑）。

平本　学校が終わって17時にはジムに行かなきゃいけないんですけど、定時がジムが終わる22時までっていうのは絶対にあるんですけど、日曜日や夏休みなんかになると、昼12時に集合して22時に帰ったりとかあったっスね。それでも先に天心と先にふたりでジムに行って2時間練習して、ゲームやべイブレードとかを持って行って遊んだりとか、それで夕方くらいになったら後輩たちやちびっこたちが来るからそこでも軽く練習に混ざったりとか。そういう夏休みを過ごしていて。

キツかったけどああいう時期って忘れないですね。ボクと天心の関係っていうのはそんな感じっス。ボク、小学校で友達がいなかったんで、初めてできた友達がアイツだったっスね。

――それは親友とも呼べるような関係?

平本　友達とかそういう垣根は超えてるのかなって思うんですけどね。いろんな見てきたものもあるし、感じたこととかもあると思うし。切っても切れないそういうのがあると思うんですよね。

――そして一方の武尊選手とはかつて同じK-1というプロモーションにいたわけですけど。

平本　武尊選手は新生K-1の最初の大会で出ているときに観て。ボク、Krushを観に行ったことって中学生のときに1回あったぐらいなんですよね。逆に天心や天心のお父さんがよくKrushを観に行っていて。天心のお父さんは激しい殴り合いをするKrushが好きで、よく観に行っていたイメージがあるんですよ。だからボクは選手を全然知らなかったんで、新生K-1が始まっても木村ミノル選手しか知らなかったっていうくらい。それで武尊選手は当時55キロで試合をしていたと思うんですけど、軽量級ってボクの中でのイメージはKOがないっていう階級だったのが、あれだけKOを量産していて、格闘技の考え方があらたまるじゃないですけど「凄いな」と思って。でも同じK-1にいたときは「俺も負けねえぞ!」っていう気持ちでやっていたから、武尊選手のことは強いなとは思うんですけど、凄いなって思ったりはなかったんですね。自分もK-1をつくっていく気持ちがあったから。

――手放しで称賛できる存在ではないですよね。

平本　それでK-1を抜けていまRIZINに来て、より団体を背負ってる武尊選手の凄さがわかったというか。あの人の凄さって、ボクや天心ってどっちかと言うと親に格闘技をやらせてもらって、与えられてやってきた人間じゃないですか?　不自由なく格闘技をやってこられた。でも武尊さんは田舎からひとりで出てきて、もやししか食べられない時期もあったっていうくらいですからね。貪欲というか、すべてを奪ってやるっていうような気持ちが誰よりも強いんだと思うんです。そこってボクにも天心にもないと思いますし、真似しようと思ってもなかなかできることじゃないっていうか。いざ「やれ」って言われたらたぶんできるとは思うんですよ、ボクも天心も。だけど、それを武尊さんは自分で選択してやってきたっていう強みがあるんじゃないかな。そういうハングリーな部分が試合でも出ると思うし、だから人間としての強さが武尊さんはちょっとずば抜けていると思うんです。

――あの人はもともとはヤンチャだったんですよね。ああいうルックスでちょっとさわやかなイメージで打ち出してはいるけど、本質の喧嘩強さというか、気の強さが出ちゃうんですよね。

平本　気は本当に強いっていうか凄いッスよ。いまはただただ尊敬するっスね。

――レオナ・ペタス戦も結果的に最高の前哨戦になりましたからね。「これ、天心もちょっとわかんないぞ」っていう印象を植えつけたのはちょっと神がかってますよ。

平本　凄かったっスよね。日本武道館で前のK－1が最後にやった大会をボクは観に行ってるんですよ。川尻（達也）さんと魔裟斗さんの試合（2009年7月13日）。そのK－1を会場で観て「俺もK－1ファイターになろう」と思った大会なんですけど、自分がいまK－1を卒業して、RIZINファイターとしては日本武道館にK－1を観に行って、「K－1ファイターとして武道館に来られなかった」と思って、いろいろおもしろいなと。それでボクはあまり選手の入場で「おー、カッコいいな！」って思うことはないんですけど、こないだの武尊選手の入場はすげえよかったっスね。本物のスターみたいな、なんか輝いていてカッコいいなって思ったっスね。あの入場を観て、武尊選手の勝利を確信したっスね。

――「これはこの人が勝つわ」って。

平本　武尊選手って最強の1回目を持ってこれるんですよ。人間って同じ相手と10回勝負をしたとしたら、何かしら取りこぼしがかならずあるじゃないですか？　だけど、武尊選手はその中でいちばん強い状態を毎回大事なときに持ってこれてるんで。たまに調子悪いっぽい試合もあるんですけど、ここぞっていうときは絶対に強い。それは天心にも言えることなんですけど、あのふたりって「ここぞ！」っていうときに強さを発揮するんですよ。それは本当に凄いなって。こんなことを言ってたら「じゃあ、（フロイド・）メイウェザー戦はどうなんだ？」って言われるんですけど、あれはもう試合じゃないんで。あんなんじゃなくて、試合になったら武尊さんも天心もどっちも凄いです。だからお互いに「ここぞ！」っていうときが強いからこそ、闘ったらどうなるんだっていう。本当にわからないっスよね。

――平本さんの「ちょっと観たくないかも」っていう気持ちが、いまちょっとわかってきました（笑）。

平本　あっ、わかりました？（笑）。そうなんですよ。この対戦についてYouTubeとかも撮りたいんですけど、たぶんしゃべったら永遠に止まらないし、結末が見えないから撮るのをやめようかなとも思っていて。「派閥はよくない」ってマーシー（真島昌利）がよく言ってましたけど、天心派、武尊派ってあるじゃないですか。格闘技は派閥で盛り上がるのも大事だとは思うんですけど、ボクはどっちも最高の選手だからこそ、どっちかが傷つくような展開は見たくないんスよね。本当に「ふたりともノックダウンしちゃえばいいのに」って思うんですよ（笑）。

――ああ、ダブルKOで（笑）。

平本　そんな結末がいいんじゃないかとか。

「武尊選手はK－1とのセットであの凄さと魅力、色気がある。天心はRISEを背負うとかそういうタイプじゃないと思うんですよ」

――ここ数年は、天心選手のほうからずっと「やりましょうよ」と言い続けてきて、その間に天心選手が見せてきた試合ももちろん込みで、やっぱり世間って対戦要求する側が強いというイメージを持つと思うんですけど。でも武尊選手側というかK－1サイドは「いや、やったら絶対に勝つ」っていうのが本音としてずっとあったみたいですよね。そこも全然理解できる感じですか？

平本　そうですね。あの人は性格的に絶対逃げるようなことはしない人ですよ。だから本気でずっとやりたかったと思います。それこそ天心が最初に挑発っていうか、「やりましょうよ」っていうような発言をしましたけど、それはあの天心の位置にいたら誰でも同じことを言うと思うんですよ。そして天心もごく自然な形でバーッとKOで勝ち続けてきたけど、武尊選手ほどはまだ世に名前が出ていなかった頃なんかは天心に対する心ない誹謗中傷もあったと思うんですよね。「売名だろ」って言う人もいたりとか。そういう経験を経て、天心自身もバーンと大きくなったっていう。特にメイウェザー戦を終えてからは知名度も上がったし。それで天心が「やれないなら、もう武尊戦は興味がない」っていう発言も、たしかにやれないならそうも言うだろうなって。

――すべての言動が理解できるわけですね。

平本　そうしたら「生意気だ！」とかガーッと言われて。それでなんだかんだで、やる、やらない、興味ある、興味ない、とかいろいろあってやっと状況がハマりつつあるっていう。とにかく「どっちも報われたらいいな」って思うんですよね。

――あとは武尊選手には「K－1を背負って立つ男」という見え方があるとは思うんですけど、これだけ個の時代と言われていて、ましてや格闘家というか平本さんなんかは個の権化じゃないですか（笑）。

平本　あー、はいはい（笑）。

――その武尊選手の団体を背負う、代表するという生き方についてはどう思います？

平本　ボクもやっぱりK－1が好きだったから、最初は「K－1のためにやろう」っていう気持ちも当然持っていたんですけど、団体と選手の関係っていうのはビジネスをする相手じゃないですか？　そこは信頼できるからこその契約では

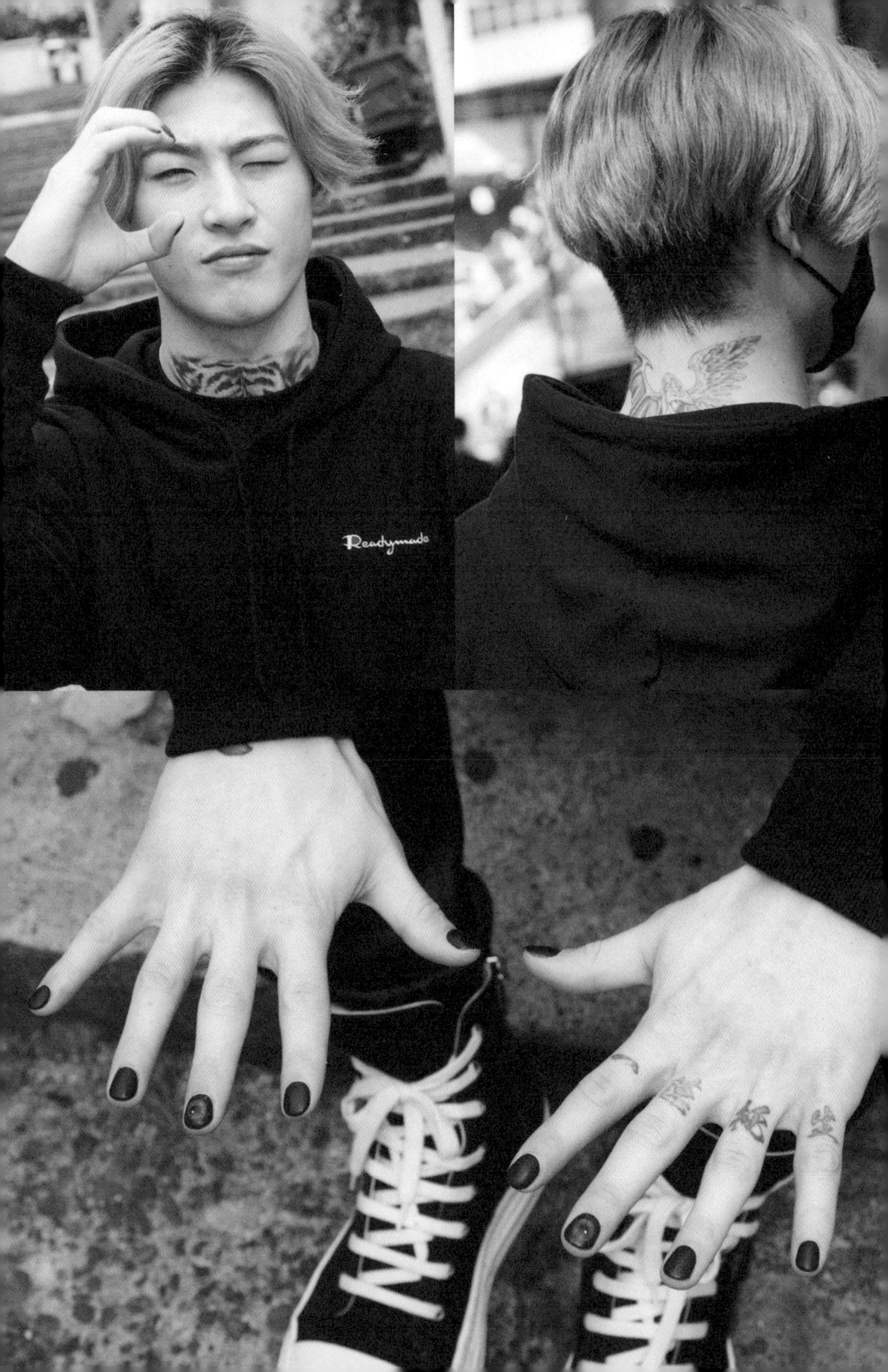
Readymade

あるんですけど。だから「団体のためにやるぞ」っていうのはちょっと自分には合ってないっていうか、それがおもしろいとは思わなかったんですよね。でも、そういうのもべつにあっていいとは思うんです。美しいとも思う。何かのためにとか、熱意とか、捧げたい気持ちみたいなのってボクは素晴らしいと思うんだけど、「自分はそうではないな」という。いつから意識したのかな、「自分はもっと自由にいるべきだな」と思って。そこからっスね。個人っていうか、ファイターとして自分がどうやっていくべきかを考えたときに、K‐1にいた頃って発言も決められていたりとかしていたので、いざ個人ってなったときに「めちゃくちゃ自由じゃん！　超楽しい」と思って。それでキャラ設定とかそういう考えはなしにして、自然ととりあえず思ったことをやろう、言っていこうと思ったんですよね。誰も止めないし（笑）。そうしたらいつの間にか自分がやりやすい状態になっていたというか。

――環境を変えるだけでも、だいぶ意識って変わるでしょうね。

平本　そうやってあまり意識しないでやってきて、気づいたら自然といまのキャラになっていたみたいな感覚ですよね。だから武尊選手も「武尊」っていう個人でやっていけばいいとは思うんですけど、たぶん武尊選手はK‐1とのセットであの凄さと魅力、色気とかみたいなものがあるのかなって思うんですよ。あそこはセットで成り立っているんでしょうね。

――「K‐1の武尊」ですもんね。

平本　天心もRISEを背負うとかそういうタイプじゃないと思うんですよ。「那須川天心」っていう個人がいろんなところで活躍するっていうのが天心らしさだし、あのふたりにはそこの違いはあるのかもしれないですね。天心にももちろん「RISEを背負う」っていう気持ちはあると思うんですけど、「RISEの那須川天心」っていうよりも「那須川天心のRISE」じゃないですか。

――あー、たしかに。

平本　「K‐1の武尊」と「那須川天心のRISE」なんですよ。天心はアイツ個人がデカすぎる。まあ、あのふたりの話をしたらキリがないっスね（笑）。

――もし対戦が実現したら、平本さんも会場で生で観ましょうよ。

平本　まあ、そうっスね。行かなかったら後悔しそうなんで、さすがにやるなら生で観たいなって。でもなんか、やっぱ観たくないって気持ちもデカいっスよね。

平本蓮（ひらもと・れん）
1998年6月27日生まれ、東京足立区出身。総合格闘家。元キックボクサー。THE PAN DEMONIUM所属。
小学生のときからキックボクシングを始め、12歳で全国U-15ジュニアボクシング大会優勝、高校1年でK-1甲子園優勝、高校3年でK-1ライト級世界トーナメント準優勝、そして19歳のとき日本人で初めてゲーオ・ウィラサクレックにKO勝利するなど輝かしい実績を持つ。2019年11月1日、所属していたK-1 GYM総本部との所属契約が満了し、フリーになる。2019年12月29日、さいたまスーパーアリーナで開催された『BELLATOR JAPAN』で1年9カ月ぶりにリングに登場。芦田崇宏とキックボクシングルールで対戦し、TKO勝ちを収めた。そして2020年12月31日、自身初の総合格闘技ルールでの試合となった『RIZIN.26』で萩原京平と対戦。戦前に対戦相手の萩原だけでなく朝倉未来らともSNSを通じて舌戦を繰り広げて自身のMMAデビュー戦を盛り上げたが、2RTKO負けを喫する。

バッファロー吾郎Aの
きむコロ列伝!!

第113回 森進一のパスワード

3・21『RIZIN.27』をスカパーで鑑賞。素晴らしい大会でまた泣いてしまった。メインの浜崎vs浅倉と武田vs久米なんて少年ジャンプ黄金期の青春バトル漫画みたいだった。

最近、スカパーのPPVの購入手順がラクになった気がする。たぶんスカパーのパスワードを覚えたからだ。SNS、ネットショッピング、アプリなど、ネットで何かやろうとするたびにパスワードが必要で、しかもそれぞれでパスワードが異なるので（こっちは数字8桁以上でとか、こっちは英数と記号を混ぜろとか）かなりめんどくさい。

そんなことを考えているうちに私は眠ってしまい夢を見た。人の夢の話はつまらないものだが、興味深い内容だったのでココに紹介したい。

森進一さんがパソコンに向かって独り言を言っている。

「海外でしか買えないCDやマニアックな音響機器なんかもネットショッピングだと簡単に購入できると聞いて、いろんなショッピングサイトを覗いてみたが、購入するには会員にならなきゃいけないのか。なんだかめんどくさいなぁ。でも『おふくろさん〜2021REMIX〜』を完成させるためにはやるしかないな。とりあえずメアドはマネージャーに作ってもらったのを登録して、あとはパスワードの登録か。パスワードは『1234』と。なんだ？ 急にパスワードの欄が真っ赤になったぞ！ これが息子たちの言っていた〝エラー〟や〝バグる〟という状態か？ なんか注意書きが出たぞ。なになに？『8桁以上の半角英数字を入力してください』だって？ そっか、4桁しか入力していないからか。あービックリした。じゃあ『12345678』と。また真っ赤になった！ じゃあ『01234567』でどうだ？ コレもダメだ！ コレはもしかしてヤバいパターン？ また注意書きが出た

バッファロー吾郎A

バッファロー吾郎A/本名・木村明浩（きむら・あきひろ）1970年11月24日生まれ/お笑いコンビ『バッファロー吾郎』のツッコミ担当/2008年『キング・オブ・コント』優勝

けどセキュリティの安全面がどうたらこうたらって意味わかんない。もうマネージャーに全部やってもらおうかな。いや待て、パスワードは人と共有しないほうが安全っぽいし、それに『ウチの森なんてネットショッピングのパスワード登録すらできないメカオンチなんですよ（笑）』とか陰で吹聴されそうだから任せるのはやめよう。この歳でバカにされるのはつらい。要は自分独自のパスワードを作れってことでしょ？わかりましたよ。やりますよ。『mori19471118』と。また真っ赤だ！なんで？完全オリジナルだぞ！えーっ、同じ数字を連続で入力できないの？俺の誕生日は11月18日だから仕方ないだろ！なんだよ、この日に産んでくれたおふくろさんを恨みそうだよ。いやいや、おふくろさんは何も悪くない。感謝しかない。落ち着くんだ。パスワードを誕生日にするのも安全とはいえない。もっと俺らしいパスワードを考えたらいいんだ。そうだ！『one ok rock taka no oya』。コレは俺しかいない。これを登録してと。なんだよ、『すでに使用されています』って！俺以外に誰が使ってるんだ？昌子だ！昌子が使ってるんだ！ズルいよな。あと考えられるのは昔から応援してくださってるファンの方たちが親のように見守る意味を込めて使っている可能性もあるか。となると三男のＨｉｒｏも誰か使っているな。ファンは大切にしなきゃいけないから息子パスワード路線はあきらめるか」

　森さんはいろいろパスワードを変えてみるが、どれも何かしらの理由で登録ができない。

『おふくろさん』『襟裳岬』『冬のリヴィエラ』などヒット曲路線も全滅か。苦い思い出の『toraya no youkan』も『youkan genkan ni oku』もダメ。もう次でラストにしよう。『osushi daisuki otoko』と。俺は自分で握るくらいお寿司が大好きだ。コレでダメならマネージャーに頭を下げよう。登録！やったぁ、次のページに進んだぞ。ゲームでラスボスを倒した気分だ。おい、なんだこの次の画面は？外国の風景の中に歪んだ数字やアルファベットが浮かんでいるぞ。コレは絶対ヤバい、くそーっ、バグった！」

　パソコンのコンセントを抜いてサポートセンターに電話する森さん。

「あれ？なんで電話が繋がらないんだ？えっ、夜の9時まで？いま何時だ？9時3分！3分くらい大目にみてよぉ。仕方ないマネージャーに電話だ。おい、マネージャー、かくかくしかじかで……バカヤローっ、俺がロボットなワケないだろ！それは五木ひろしだ！コロッケがモノマネするロボット五木ひろしだ！えっ？そういう事じゃなくて？……なるほど、違法の操作がされていないことを証明するためなのか。わかった、ありがとう」

　パソコンのコンセントを差し込んで起動させるが、電源を入れたままコンセントを抜いたので森さんのパソコンのデータはすべて消えていた。

　ココで私は目が覚めた。ちなみに森さんの趣味はパソコンなので、森さんはこんなミスはしないと思う。

浅倉カンナ

[総合格闘家]

収録日：2021年4月2日
撮影：タイコウクニヨシ　試合写真：©RIZIN FF
聞き手：井上崇宏

チャンプ浜崎を
あと一歩まで追い込む死闘！
そして早期引退撤回＆
女子格闘技牽引を宣言!!

「試合後に浜崎さんから
『あと10年はやれ』って言われたんです。
私もいま格闘技をやめることは
無責任になっちゃうし、
まだまだやることがいっぱいあるなと
思っています。本当の勝負はベルトを
獲ってからで、私が先頭を切って
女子を盛り上げていきたい」

「試合までずっとツイッターを見るのをやめていたんですよ。今後も試合前は見ないほうがいいと思っている」

——ひさしぶりのインタビューですが、去年、一昨年と2年連続で新年一発目にやってるんですよね。それで今年もできたら年始にと思っていたんですけど、大晦日のあい選手のあと、これは会って聞くことがないかなと……（笑）。

浅倉　本当にそうですよね（笑）。でも、あいさんは強かったですし、たぶん私が苦手とするタイプだから噛み合わなかったっていうか。圧勝しなきゃいけない試合だったと思うし、そのイメージで試合に臨んだんですけど、予想以上にやりたかったことが何もできなくて。「こんなに何もできないのか……」って思いましたね。あれはちょっとやっちゃいました。

——完全に試合のテーマとしては「圧勝」ですよね。それが遂行できず、試合中も焦りますよね。

浅倉　めちゃめちゃ焦りました。だから勝ったのに悔しい気持ちでいっぱいでしたね。レスラーでパワーもあるというタイプに苦手意識があるというか。

——自分と同じレスリング出身が苦手。

浅倉　そう。だから美憂さんも同じですね。なんか合わないんですよ。美憂さんと闘ったあとにやったアリーシャ・ザペテラもレスラーで、あのときは判定で勝って「あっ、もう大丈夫かな」って思ったんだけど、あいさんとやってみてやっぱりダメだなと。でも、あいさんとの試合は、そう言われはしなかったですけど、形の上では勝ったほうがタイトルを狙える試合だったわけじゃないですか？　だからあそこで浜崎（朱加）さんをビビらせたかったんですよ。「うわっ、強くなってるじゃん」って思わせたかったのにできなかったから余計に悔しくて。

——タイトルマッチに向けた大デモンストレーションをあの試合でやらなきゃいけなかったんですよね。それで結局、今回のタイトルマッチはチャンピオンの浜崎さんのほうが煽って盛り上げたっていう。たぶん、そうせざるをえなかったですよね。カンナ選手のほうからは煽れないというか。

浅倉　そうですよね。会見のとき、浜崎さんに「成長をしていない」と言われて「うわっ、痛いところを突かれたな」って思って、だからイラッともこなかったですね。「まあ、そう思うよなぁ……」って感じでした。

——これは浜崎さんの本音なのか、それとも試合を煽ろうとして言っているのか。正直、どっちだと思っていたんですか？

浅倉　まず、会見のときは煽られる準備をしていなかったんですよ（笑）。

――まさかあの浜崎さんが煽ってくるとは思わないですよね（笑）。

浅倉　そうそう（笑）。なので浜崎さんが本音でそう言っているのと思いました。「シンプルに大晦日の試合内容を観たらそうだよね」って。でも試合が近づくにつれて、本気で煽っているのか、私を奮い立たせるためにわざとやっているのか、「どっちなんだろうな？」って。最初は焦りましたけど、私は浜崎さんのことも知っているので「大会のメインだし、こうやって盛り上げてくれているのかな」って途中からは思い始めて。

――それにしてもけっこう言われましたよね。会見でもコンフェッションズとかでも。

浅倉　でも今回ばかりは自分が悪いので、本当にムカついたりはしなかったですね。あいさんとの試合を観たら、浜崎さんだけじゃなくファンの人たちもみんな思っていたことだと思うんですよ。それはしょうがないので、イラつきよりも「そうだよなー」みたいな。

――同感（笑）。そして井上調べだと戦前、本当に見事なくらいに選手や関係者みんなが「浜崎圧勝」「1ラウンドで終わる」と予想していて。

浅倉　ですよね（笑）。

――美憂戦後からの浅倉カンナの復活劇がまるで帳消しになっているかのような。だから本当にあい戦で自ら帳消ししたんですよね。でも2年前の対戦よりも強くなっていないわけがない。だから試合タイムの問題ではないけど、ボクは「いや、1ラウンドで終わるってのはないでしょう」と思っていたんですよ。

浅倉　あっ、本当ですか？

――えっ、本当ですよ。

浅倉　えーっ、うれしい（笑）。

――いやいや（笑）。みんながみんな秒殺を予想していたことにちょっと気味の悪さを覚えたのもあり、そこへの違和感も込みで試合直前の予想は「判定までいく」です。

浅倉　そう思ってくれていた人がいたことがうれしいです。それカード発表の会見のあとにツイッターを見たんですよ。それで自分の名前で検索したら、ほぼ全員、9割以上の人が「無理だろ」「まだ早いだろ」「浜崎の圧勝だろ」とかそういうのばっかりで。「まだ終わってないじゃん！」と思って、そこからはツイッターを見るのをやめましたもん。

――だから勝利者賞でハーレーがもらえることも直前まで知らなかったんですよね（笑）。

浅倉　バイクのことを知ったのは当日ですね（笑）。だから試合までずっとツイッターを見るのをやめていて、それで今回は凄く気持ち的にラクでしたね。だから今後も毎回見ない

RIZIN
ISAMI

RIZIN FIGHTING FEDERATION
THE DICE
渡辺通商
透明衛生マス
マスクリア

ほうがいいんじゃないかなって思っています。あいさんとの試合のときも見ていたんですけど、そこは逆のパターンで「絶対にカンナが圧勝だろ」みたいな感じだったんですよ。それもプレッシャーになるので、もう見ないほうがいいのかなって。

「私は格闘技を生半可にはやっていないので、浜崎さんに対してあの言葉だけはイラッときましたね」

——たしかにそれはそれで。でもカンナ選手たちの世代って、意外とSNSで何を言われようがうまくかわせちゃいますよね。あまり真正面からは食らわないというか。

浅倉　基本的にへっちゃらなんですけど、やっぱり気にしていたのかもしれないなって。それくらい見ないことで全然ラクになれたから。

——会見のときに「自分だけは勝てると思っている」と言っていましたけど、あれは本音でした?

浅倉　いやもう、ずっとそう思っていましたね。対戦が決まってからすぐに会見だったので、まだ不安とかはめちゃめちゃありましたけど、やっぱりそうやって口に出していかないと自分に自信がつかないので、今回はちゃんと言おうと思って。前回の浜崎さんとの試合は、どっちかと言えばギリギリまで「大丈夫かな……」みたいな不安のほうが大きかったけど、今回は「絶対にベルトを獲る」と思っていたので、練習が楽しかったし、「早く試合をしたいな」と思ったし。本当にいけると思っていました。

——じゃあ、それまでもずっと浜崎対策をやっていて「よし、いける」という自信のコメントじゃなく、あそこで自分を奮い立たせようっていう。

浅倉　会見のときはそう言っておいたほうがいいっていう感覚でしたね。そこからだんだんと対策とかをやっていくうちに「本当に勝てるぞ」と思った感じです。しかも誰もが勝てないと思っている状況で勝つのがいちばんじゃないですか。RENA戦でのうれしさを超えるのは今回だと思っていて、自分が勝って手を挙げているところをめちゃくちゃイメージしたし、練習もチームで細かく対策を立ててもらってやったし。本当に自信がついてきて「これはいけるな!」って。

——一度闘ったことがあるからこそ、「これはいける!」っていう実感にも重みがありますよね。

浅倉　前回から2年ちょっとの時間があって、強くならない人って絶対にいないので。それこそ「中途半端」にやってるヤツなんで。

——「中途半端」じゃなくて「生半可」ね(笑)。

浅倉　そう、生半可!(笑)。私は格闘技を生半可にはやっ

ISAMI

ていないので、浜崎さんに対してあの言葉だけはイラッときましたね。

——とにかく知りたいのは、会見から試合までの約1カ月間、いったいどんな対策を立てて練習をしていたのかってことで。試合後に代表の鶴屋（浩）さんが「最初の2分半をしのげばいけると思っていた」というようなことを言っていたと思うんですけど、要するに浜崎さんのスタミナが消耗するのを待とうっていう？

浅倉　そうですね。今回は鶴屋先生が浜崎さんの試合映像を何回も観てくれて、それこそ扇久保（博正）さんもマンツーマンで練習してくれて、岡田（遼）さんがアドバイスをくれて、（鶴屋）怜が最後まで練習に付き合ってくれて。そうしてチームで対策を全部立てて細かくやったんですよ。それは相手が浜崎さんだからこそできたことなんですけど、本当にみんなが協力してくれていたので、そこにプレッシャーも感じましたね。

——「みんなが自分を勝たせるためにここまで……」っていう。

浅倉　そう。「ここまでやってもらっているから絶対にベルトを獲らなきゃいけない」って。それくらい細かいところをいつもよりたくさんやったんですよ。

——その細かい部分をいま話すわけにはいかないですか？

浅倉　いえ、全然言いますけど、私がどこで勝てるかっていったら絶対に体力だったんで。パワーが互角だとしても、打撃で互角にやれたとしても、寝技で互角だとしても勝てはしない。でも体力には自信があったので「そこだな」と思って。細かい部分では今回はカーフキックと離れ際のヒジとか、アームロックの対処、投げられそうになってバックについたあとのパウンドとか。そういう細かいところまで全部、「こうなった場合はこうする」って何パターンも練習していたんですよ。それがちゃんと頭に入っていたから「あっ、これはやったやつだな」って試合中も冷静でいられたというか。

——セコンドの声で何度も聞こえたのが「手首を取らせるな！」っていう。

浅倉　「手首だけはいちばんに切れ」って言われてました。浜崎さんに手首を取られちゃうとすぐに極められちゃうんで。前回は「自分にはパワーがあるから大丈夫だろう」と思っていて極められちゃったので、そこも徹底してやりました。だから本当に試合が練習でやった通りに進んでいくんですよ。

——ゴングが鳴るまで、凄く緊張している表情に見えたんですけど。

浅倉　えっ、本当ですか？　いや、もう入場のときから「やってやるぞ！　絶対に勝つ」って気合いが入ってました。まったく緊張はしなかったですね。

――あれは「やってやる」って顔なんですね。あと、じつはカンナ選手もフィジカルはずっと鍛えてますもんね。

浅倉　そうなんですよ。ただ、私は身体にスジが出たりしないから。

――見た目ではわかりづらい（笑）。

浅倉　みんなからも「おまえ、早くフィジカルをやれよ！」って思われていると思うんですけど、浜崎さんと美憂さんに負けたあとからフィジカルは始めていて、あのRIZINでの2連敗でそこの重要性に気づけたことは大きかったですね。ずっと週1、2で通っているんですけど。

「予想以上に自分ができすぎてビックリしちゃいました。でも、そこでビックリしちゃってるのがたぶんダメで」

――試合の序盤で、浜崎さんのヒザがローブローになって試合が中断しましたけど、女子の試合であのシーンは珍しいですよね。

浅倉　あれ、めっちゃ痛かったんですよ。女子ってアンダーガードを着ける人と着けない人がいて、男の人のファールカップは鉄なんですけど、女子のアンダーガードってクッションみたいなやつで自分はいつも着けないんですね。それでヒザが骨にゴツーンと当たって、もう死ぬほど痛くて（笑）。浜崎さんも気づいて止めてくれたんですけど、だけどやっぱりそのあとは気にしちゃいました。「女子なのに痛くないだろ」と思われたら嫌だなって（笑）。

――実際、会場はみんな困惑したような空気になり（笑）。

浅倉　だから「気まずいな、早くやらないと」って思って、ちょっとまだ痛かったんだけど「大丈夫です！　もういいです」ってなりましたね。たぶん男の人よりは絶対に痛くないんですけど、あれはなんて説明したらいいのかわかんない痛さです。試合後、アザができてました（笑）。

――それと同じ1ラウンドですね。浜崎さんのパンチの猛ラッシュを受けているとき、セコンドから「かならずおまえの時間が来るから！」って声が飛んで。

浅倉　あれは征矢（貴）くんですね。「前半に（勝負をかけて）来るぞ」って言われていて、こっちもそこからペースを作っていく作戦だったんですけど、たぶん会場にいるほとんどの人は「もうダメだ」って思いましたよね？

――あのときはそうですね。判定までいくと予想していたボクもちょっと思いましたね（笑）。

浅倉　だけど私もセコンドも想定通りだったんですよ。観ている人たちはみんなあそこであきらめていたと思うけど、「全然ここからだ！」って。

――浜崎さんのほうはあれだけ強いパンチを打ち続けていて仕留めきれなかったから、急に失速して。あれも予想通りでした？

浅倉　予想通りでしたね。

――前に黒部三奈選手がＲＩＺＩＮで浜崎さんに１ラウンドで敗れたあと、「２ラウンドに行きたかった」って言ってましたよね。黒部さんのほうが歳上なのに（笑）。

浅倉　あー、言ってましたね。

――まあ、あれだけ強いパンチでラッシュをかけてきたらそうなるだろうと？

浅倉　打ち合いにも凄く勇気がいるのに、全力で殴りに来ているので相当疲れていたと思うんですよ。たぶん浜崎さんとしては、今回は差を見せつけて勝ちたかったと思うから、絶対に１ラウンドからくると思っていたんです。だから本当ならあそこはよけて、よけて、うまくやる予定だったんですよ。だけどメインだし、「やっちゃおうかな、打ち合っちゃおうかな」と思っちゃって、自分もパンチを出しちゃったんですよね。でも打ち合いではやっぱり通用しなかったので、あそこをうまくやっておけばよかったなって思いますね。

――右目が腫れたのはコーナーに押し込まれているときのヒザですよね。

浅倉　それかな。なんで腫れたのか全然憶えていないんですよ。痛くもなんともなかったので、レフェリーに中断されたときはめっちゃ焦りましたね。「えっ、ウソでしょ！？」と思って。

――自分の顔をビジョンで見ました？

浅倉　見ました。「そんな腫れてないでしょ」と思って見てみたら、めっちゃ腫れていたので焦って「全然痛くないんでやらせてください！」ってなって（笑）。

――練習でやっていたというカーフキックは？

浅倉　練習ではめっちゃやったんですけど、浜崎さんは右が強いから絶対に合わせられちゃうと思って途中から出せなかったんですよね。あとはやり慣れていないと自分の脚を痛めますね。みんな試合で綺麗に打っていて凄いなって思う。いくらサンドバッグを蹴っても試合で人に当てるのって本当に難しくて。だから前日の岡田さんの修斗での試合（大塚隆史戦）、あれが見本だと思っているんですよ。「おまえ、明日はこうやって闘えよ」って教えてくれているような感じがして「これだ！」って。だけど私は全然うまく蹴れなくて（笑）。

――フィジカル強化に加えて、何パターンも徹底的に対策を練って試合に臨み、結果的に戦略が見事に功を奏したというか、あと一歩というところまでいけたわけですよね。

浅倉　だから余計に悔しいんですよ。テイクダウンで浜崎さんの身体を浮かせたし、マウントも取ったし。ただ、マウン

トを取ったときに「ウソだろ?」って思っちゃって……(笑)。

――「マウント取っちゃった!」と(笑)。

浅倉　「同じ人間だ!」と思って。でも試合中にそういう気持ちがあったからダメなんだとも思うんですけど。

――試合中もまだ浜崎さんのことを上に見ていたっていう。

浅倉　そうそう。でも予想以上に自分ができすぎてビックリしちゃいました。そこでビックリしちゃってるのがたぶんダメなんですよね。

――あとは以前と比べてあきらかに強いパウンドが打てるようになりましたよね? 古瀬美月戦でもそれが垣間見えましたけど、いつから意識が変わったんですか?

浅倉　えーっ、わかんない。勝手に(笑)。古瀬戦も動画を観返して「あっ、けっこう強いのを打ってるんだな」って思ったくらいで。パウンドをめちゃめちゃ練習しているわけじゃないので、なんでですかね? 古瀬戦は本当に試合前からイラついてたんですよ(笑)。だからメンタルの部分って大事ですよね。あい戦ではイラついてもなく、緊張もしていなかったからああいう試合になってしまったのかなって。

――そこが浅倉カンナの試合にムラを生むんですよ(笑)。

浅倉　本当にメンタルって大事だなって思いました(笑)。今回は「勝つ」っていう気持ちがめちゃめちゃ強かったから、試合中もバテることがなかったし、スイッチが切れることもなかったし。楽しかったな。

「もともと『長くはやらない』って言っていたタイプですけど、格闘技人生は長くなりそうですね」

――負けちゃったから言われたくないかもしれないですけど、本当に感動的な試合でした。だからちょっと自作自演的というか、結果的にあい戦で苦戦したことが今回の試合の強烈な煽りになりましたよね。

浅倉　あー、なるほど。結果そうですね。まあ、でも今回の試合って絶対に勝つことに意味があったんですよ。そこは間違いないじゃないですか? 私がベルトを獲るという結果が絶対によかった。浜崎さんもチャンピオンのままだとまた相手がいなくなっちゃうし、状況が何も変わっていかないじゃないですか。絶対に変わっていったほうがこの階級はおもしろいんですよ。

――いまはなかなか外国人選手をブッキングできない状況というのもあり。そして今回の試合の映像が残ったわけだから、今後は浜崎さんにもそれなりに修羅の道が待っているような気もしますね。

浅倉　対策されるんですかね?

――浜崎さんってスタイルが完成されていますからね。

浅倉　そう。浜崎さんまでになると自分のファイトスタイルがほぼ固まっていて、そこからちょっとずつ強くなっていく感じじゃないですか。でも私なんかはまだファイトスタイルもあまり固まっていないし、ここからでもどんどん変えていけると思うんですよ。プラスして、しんどいこともまだまだやらないとって思っているし。

――伸びしろですよね。

浅倉　浜崎さんはトップだからこそ、そこが凄く難しいんだろうなって思うんですよね。目標がないじゃないですか。「勝つことが自分のモチベーション」って言ってましたけど、それって相当キープするのが難しいというか、「この人に勝ちたい！」っていうのと、ただ勝つことをモチベーションにするっていうのとでは全然違うというか。だから浜崎さんがいまいるトップの位置ってどんな世界なんだろうとも思っていて。私は人よりもしんどいことをやらないとその位置には行けないと思っているから、キツイことができるけど、もし自分がいちばんだったらそれができるかなって思っちゃいますよね。

――カンナさん。この数年で本当に立派になられましたよね。意識がここまで高くなっているとは思ってなかったので、ちょっと面食らってます（笑）。

浅倉　そうですかね？（笑）。最近思うのは、浜崎さんが「女子と男子で分けて見られたくない」って言ってましたけど、本当にそうですよね。女子も男子も同じことをやっているのに。あの発言は「たしかにそうだな」って思いましたし、それと自分がいちばんになるには浜崎さんを目標にしていたらダメだと思うんですよ。これまではＲＥＮＡさんや浜崎さんの名前を目標として出してきたけど、やっぱりいちばんになるためには自分がそう思われる立場にならなきゃいけないと思うので、いつか浜崎さんに勝ってチャンピオンになったから満足ということじゃなく、さらに強くなっていろんな選手がＲＩＺＩＮに来るというのが女子にとってはいちばんじゃないですか？　私はそこに行きたくて。ただ、そういうのを考えると格闘技人生が長くなりそうですけどね。もともと「長くはやらない」って言っていたタイプじゃないですか。

――なんなら去年とか今年で引退するくらいの勢いで（笑）。

浅倉　そうなんですよね。そうは言っていたけど……どうなんだろう？

――それがもう許されるポジションではないんですよね。

浅倉　ですよね。そう思いました。ずっとＲＩＺＩＮに出させてもらっていて、ようやくここまで来て、それでやめちゃうのは凄く無責任だなって。「おまえ、ここまで来たならトップを狙えよ！」って絶対にみんな思うじゃないですか。それと自分自身も本当にいちばんになりたくなってきたんで

すよ。凄い上からになっちゃうけど、浜崎さんも言っているように下がどんどん出てこないと女子が盛り上がっていかないと思うので、そこを自分が先頭を切って行きたいなっていう思いが出てきたから。

――ベルトを獲り、さらに頂点に君臨し続けると考えたら、これからまだまだたくさんの時間を費やすことになりますね。

浅倉　そう。

――素晴らしいじゃないですか。

浅倉　私もそう思ってきちゃいました。いまやめることは無責任になっちゃうし、まだやることがいっぱいあるなって思いましたね。今回、試合後に浜崎さんから「あと10年はやれ」って言われたんですよ。

――えっ！　それは裏で？

浅倉　終わったあとに裏で。とても深い意味があるようにも捉えられるから凄く考えましたね。わからないですけど、きっと浜崎さんはここから10年は絶対にやらないじゃないですか？　そこで「おまえががんばっていけよ！」っていうメッセージなのかなって思ったり。

――じゃあ、あと10年はやらないと。10年経ってもまだ33歳ですよ。

浅倉　そうなんですよね。

「もう1回やらせてくれるなら、またベルトを持っている浜崎さんに挑戦したい」

――女子の選手生命の長さって驚異的ですよね。浜崎さんや黒部さん、美憂さんも現役でずっと活躍をされていて。

浅倉　男子と何が違うんですかね？　まず打撃は多少センスとかもありますけど、グラップリングはやればやるだけ強くなれると思うんですよ。だから特に女子は年齢は関係なく、経験でいくらでも強くなれるとは思います。若さと勢いで強いときもありますけど、結局は際のうまさってずっとやっている人のほうがうまいんですよ。黒部さんとかは本当にそうで、いろいろ経験して、たくさん考えてやっているあの人たちが強い意味がわかりますね。それと黒部さんや浜崎さんは格闘技がある生活が当たり前じゃないですか？　だからもちろん練習も毎日するし、しんどいこともそれが当たり前っていう。私は週に1回、黒部さんと練習をしているんですけど、あの人たちをみんなが超せない理由ってそこを見ていないからなのかなって思っちゃいますね。黒部さんってめちゃめちゃヤバいくらい練習してるんですよ。

――知っています（笑）。

浅倉　もう本当に凄いなって思いますよ。私が20年後に絶対

できないことをやってます（笑）。内容を聞いただけで吐きそうなくらい練習をしているんですよ。私たちの世代はSNSの使い方をわかってるから、めちゃめちゃアピールするじゃないですか。「めちゃくちゃ練習やってます」みたいな（笑）。

――めちゃくちゃアピってますね（笑）。

浅倉　でも、あの世代の人たちってそういうことをやってないから、勝手にめちゃめちゃ練習してるんですよ。

――勝手にめちゃめちゃやってる！　言い方がおかしい！（笑）。

浅倉　そこを見せるのが当たり前じゃない人たちだから、知らないところで凄く練習をやっていることをみんな知らないままなんですよ。そこで若い選手が「私、やってます」みたいにやっていたら絶対にダメですね。私は黒部さんと練習をさせてもらっているので「この人たちが強いのはそこだな」と。見えないところで相当やってるなっていうことに気づけましたけど。浜崎さんだって「フィジカルをやってます」っていうのをわざわざ載せないじゃないですか？　私は載せちゃうけど（笑）。

――アハハハハ！　浜崎さんがフィジカルをやっている動画って、今回の試合前に初めて観たぐらいですよ。

浅倉　そう。しかも「週4でやってる」って「そんなにやってるんだ!?」って思いますよ。だからそこですよ。人知れずやっているんですよ。みんなには見えない努力があるんですよ。

――それを黒部さんを通じて知れたことは大きいですね。

浅倉　めちゃめちゃ大きいです。凄いですよ、あの人たちは。相当やってますよ。

――そういえば黒部さんにも浜崎vsカンナ戦について試合前に話を聞いたんですよ。そうしたら「あれは浜ちゃんが煽ってるだけだから。カンナが強くなっていないわけがないのは私は一緒に練習しているからわかる。ただ、私も強くなってるんだよねー」って言っていて（笑）。

浅倉　そうそう！　本当にそうなんですよ！（笑）。だから黒部さんとの差が全然縮まらないんですよ。たとえば黒部さん相手にある技がめちゃめちゃ調子よくできても、その次の週になったらその技が黒部さんに絶対にかからないんですよ。

――怪物か（笑）。

浅倉　怖いですよ、本当に。次の週にはキッチリ対策をしてきますから頭もめちゃくちゃ使っているんでしょうね。「全然通用しないじゃん……」と思って。だから黒部さんにはいつも教えてもらっていますね。「ここはどうしたらいいんですか？」とかってよく聞くようにしています。

――黒部さん、SNSでは「今日もカンナちゃんが来てくれてうれしかったー」なんて言ってる裏で、めっちゃ対策をやってるんだ（笑）。

浅倉　格闘技をやっている私と同世代の人たちは絶対に気づいたほうがいいと思っています。あの人たちはめちゃくちゃ練習をやっています。

――そういえば今回の対比として、カンナ選手は男子に混じって練習することが多いけど、浜崎さんが所属するAACは女子だけで練習するっていう。同じ女子ファイターと練習する機会があまり多くないんですよね？

浅倉　多くないですね。週1で黒部さんのところに行くだけですね。

――出稽古で誰かが来てくれたりは？

浅倉　昼練に富松（恵美）さんが来てくれたりとか、女子がたまに何人かいたりとかもしますけど、ガッツリとマンツーでやるのは黒部さんとの練習だけですかね。正直、女子とやったほうが絶対にいいですね。男子とやってもパワーは使いますけど、競ったギリギリの練習のほうがパワーって使うんですよ。よく「男の人のほうが重くて力は使うじゃん」って思われるんですけど全然違っていて、女子同士のほうがパワーを使いますね。体格やパワーが互角の女子と競った練習をやるほうがフルで力を出すので、もっと女子とやらなきゃダメですね。

――「ずっと男と練習してるんだから女なんて楽勝でしょ」なんて簡単な話ではないっていう。

浅倉　じゃないんですよ。

――やっぱり女性特有の身体の柔らかさだったり、そこでの粘りというか。

浅倉　そうなんですよ。それと結局、男の人は力を抜いてくれたりしているので、ギリギリの最後のパワーって使ってないんですよ。だから思いっきり切られます、思いっきり取りにいきますっていうのが男子とやっているとないんですね。でも絶対に大事なのはそこのパワーなんですよ。だから黒部さんとの練習がしんどいけどいちばん楽しいんです。マンツーで集中するし、緊張感もあるし。

――とにかく、早期引退は撤回ということでいいですよね？

浅倉　はい。それを言うのはもうやめます。いまでも子どもはほしいし、結婚をしてそういう生活もしたいけど、まだ違うんじゃないかって思ってきましたね。まだベルトも獲っていないし、本当の勝負はベルトを獲ってからですからね。そしてもう1回やらせてくれるなら、またベルトを持っている浜崎さんに挑戦したいなと思いますね。順番的に時間がかかりそうですけど、そこからがまた勝負ですよ。

浅倉カンナ（あさくら・かんな）
1997年10月12日生まれ、千葉県柏市出身。総合格闘家。パラエストラ松戸所属。
小学1年生よりレスリングを始め、中学では全国中学選手権準優勝、選抜大会優勝、クリッパン国際大会優勝、高校でインターハイ3位。2014年10月4日『VTJ6th』で総合格闘技デビューし、その後修斗やパンクラス、DEEP JEWELSに参戦。2016年12月29日にRIZINデビュー。2017年大晦日に女子スーパーアトム級トーナメント決勝でRENAを破り優勝するが、2018年大晦日での初代王座決定戦で浜崎朱加に敗戦。2019年6月『RIZIN.16』でも山本美憂に敗北を喫するが、8月『RIZIN.18』でアリーシャ・ザペテラに、12月29日『BELLATOR JAPAN』でジェイミー・ヒンショーに勝利。2021年3月21日、『RIZIN.27』でRIZIN女子スーパーアトム級タイトルマッチで浜崎朱加と約2年3カ月ぶりに再戦し、1-2の判定負けを喫した。

鈴木みのるのふたり言

第94回
武尊

構成・堀江ガンツ

鈴木　きのうのK－1（3・28日本武道館）観た？

——会場には行ってないんですけど、ABEMAで観ました。武尊vsレオナ・ペタス、凄かったですね！

鈴木　おもしろかったね～。きのうは俺がひとりでお店をオープンしなきゃいけなかったから、お昼に来て、まだ客もまばらな試合からBGMのように流して観てたんだよ。

——アンダーカードは午前11時スタートで、1日中やっていたんですよね。大相撲より長いっていう（笑）。

鈴木　それで店が始まってからも「おー、すげえ！」とか言いながら興奮して観てたら、ウチで働いてる沙也加が「これは何かのタイトルマッチですかぁ？」とか言ってきて。松本浩代も「タケル？　なんかあるんですか？」みたいな感じでまったく興味がないんだよ。

——K－1は興味の範疇外なんですね。

鈴木　たとえばこれが新日本の東京ドームだったら気になるんだろうけど、格闘技には興味もなくて。俺らの世代ってプロレスも格闘技も同じ興味の範疇だったのに、だいぶ変わったなと思ったよ。

——ボクなんかも学生時代、週プロと格通、両方買ってましたけど、いまやプロレスと格闘技は完全に分けられて、ファン層があまり被っていないわけですね。

鈴木　俺の中ではまだ一緒なんだけどね（笑）。

——鈴木さんの場合、若い頃はバリバリのトップキックボクサーと練習も一緒だったわけですもんね。前田憲作さんとか。

鈴木　伝説のSVG（シンサック・ビクトリー・ジム）でね。ほかにも大村（勝己）さんとか大江（慎）、内田康弘、あとまだ高校生ぐらいの新田明臣がいてさ。

――現バンゲリングベイ代表。ファンキー加藤さんの師匠ですね（笑）。その後、鈴木さんはパンクラスからプロレスに戻ったわけですけど。いまも格闘技ファンですよね？

鈴木　いや、格闘技ファンというか、完全に武尊ファンだね（笑）。

――格闘技全体より武尊選手個人の興味が上回って（笑）。しかもファン歴はけっこう長いんですよね？

鈴木　もう10年以上前だよ。俺が全日本プロレスに出ている頃、元パンクラスのリングアナでK-1の前プロデューサーだった宮田（充）さんから「Krushという大会を始めた」という連絡をもらって。パンクラスや藤原組をテレビ東京で流してくれた、ブロンコスの関（巧）さんからも「Krushの映像をウチでやることになったんです。1回観てくださいよ」って言われて、GAORAかなんかで観てみたんだよ。そのとき、第1試合か第2試合に出ていた赤い髪した若い子が武尊だったんだよね。

――そんな駆け出しの頃から観ているんですね。

鈴木　10年くらい前じゃないかな。それで赤い髪の毛の少年は、試合で相手がスリップだろうがなんだろうが倒れたら、またいで威嚇してさ、立ち上がったら「アァ〜ン？」って睨み利かせてて。「やべー。コイツ、超おもしれー！」と思って名前を覚えたのが武尊だったんだよね。それは凄く鮮明に憶えてる。

――その頃から観た人を惹きつけるものを持っていたと。

鈴木　その後、宮田さんがK-1もやるようになったからずっと観ていて、いまはABEMAでもやるようになったから本当に毎試合観てるよ。で、新生K-1の初期は前田憲作の道場の選手がたくさんいたじゃん。

――チーム・ドラゴンの選手中心でしたね。

鈴木　そのうちのひとりが武尊でト部兄弟もそうでしょ。活躍している選手はほとんどあそこだったから。なので、元を辿れば俺も同じ流れだなっていう（笑）。

――武尊選手も鈴木さんも、源流を辿るとSVGに行き当たると（笑）。

鈴木　だから俺の原点はSVGですよ。まあ、俺とキックボクシングの最初の接点は、その3年ぐらい前、俺が新日本の若手の頃にドン・中矢・ニールセンと山田恵一、藤原喜明の異種格闘技戦というのがあって俺がセコンドだったんだよ。そのときの記憶があったんで、UWFの東京ドーム大会（1989年11月29日）のとき、「キックボクサーは寝かせりゃなんとかなるでしょ」と思って闘った相手がモーリス・スミスだったんだけどね（笑）。

――ニールセンとはちょっとレベルが違いますね（笑）。

鈴木　違ったよ。まさか20世紀最強のキックボクサーだとは思わず。よくあんなのとやったよ（笑）。

――当時、まだキャリア1年半足らずですもんね。いま考えれば無謀も無謀という（笑）。

鈴木　でもモーリスに負けても、当時はキックの練習をやろうとはしなかったんだよ。「寝かせられなかった俺が悪いんだろ」みたいな感じで。

――それどころか藤原組ではルールでレガースを着けなきゃ蹴れないのに、レガースを着けず、キックを捨ててましたもんね。

鈴木　そんな俺がキックの練習を始めたのは、藤原組になってすぐ。SWSの神戸大会（1991年4月1日）で『KAMINOG

E』読者が好きなアポロ菅原さんとの試合がきっかけなんだよ。

――アポロ戦がきっかけなんですか!?

鈴木　あの試合後、控室で藤原さんに「こんな試合やりやがって!」って怒られて、(カール・)ゴッチさんからも「なんでおまえはアイツをやっつけられないんだ!　なんのために練習をしてるんだ!」「おまえなんてもう知らん。このチキン野郎が!」みたいなことをバーッと言われてね。それが凄く悔しくて何かを変えたかったんだよね。それでシンサック(・ソーシリパン)さんの奥さんである高岡(左千子)さんと付き合いがあったので「練習に行きたいんですけど、いいですか?」って連絡して。それでSVGに通うようになったんだけど、シンサックさんが何も教えてくれないんだよ(笑)。昭和のキックボクサーだから「とにかく俺が『いい』って言うまでやれ!」っていう人なので。

――黒崎健時先生らと同様に、シャドーやサンドバッグをひたすらやらせるという(笑)。

鈴木　だけどキックの基礎はあそこですべて覚えたね。

――SVGで練習しながらも藤原組時代にキックはいっさい使わず、パンクラスになってから解禁したんでしたっけ?

鈴木　いや、藤原組の最後のほうで解禁した。船木誠勝vsロベルト・デュランをやった東京体育館(1992年4月19日)のセミが、俺と(ケン・)シャムロックの試合で。仲間にも内緒でSVGに通って1年ぐらい経ったし、あのままではシャムロックに勝てないというのもあって「よし、ここだ!」とレガースを着けて試合をして。その試合で頭からタオルを被る入場スタイルも生まれたんだよ。

――あの試合からだったんですか。

鈴木　控室で大きめのバスタオルを首から下げて、レガースを着けて自分の試合が来るのを待ってたら、カメラがずっと密着でいるんだよ。そのときのディレクターは尾崎(允実)さんなんだけど(笑)。「うっとうしいな……」と思って、首にかけてたタオルを頭から被って、そのまま入場していったのがいまも続いてるわけ。

――じゃあ、キックを解禁し、あの入場シーンも生まれた記念すべき試合だったんですね。

鈴木　その翌年、パンクラスを旗揚げして、同時期にK-1もスタートして。佐竹(雅昭)さんや角田(信朗)さん、後川(聡之)選手、金泰泳選手ら同世代の選手たちが活躍していたから、同じ業界で意識せざるをえない存在になったんで。当時は闘わずともライバル視はしていたんだけど、いまは完全にファンとして試合を観れるんで、めっちゃ楽しいよ(笑)。

――新生K-1になってから軽量級が中心になりましたけど、みんなKO狙いで迫力のある試合が多いですよね。

鈴木　あそこはKOで勝てない選手は逆に使われないでしょ。それもおもしろいよね。いまのK-1トップ選手と俺とでは親子ぐらい歳が離れてる人も多いけど、凄く刺激をもらってるよ。俺はもう武尊とは100戦以上やってるから。ほぼ毎日、シャドーで(笑)。

――見えない武尊と連日スパーしてますか(笑)。

鈴木　俺と同じぐらいの身長になった武尊をイメージしながらシャドーして、よくボコられてるよ(笑)。

――那須川天心戦はやってないんですか?

鈴木　天心は変則すぎてシャドーには向かない(笑)。でも天心や武尊がシャドーやミット打ちしてる動画を観て、できるところは真似して練習してるよ。「ああ、こうやって打ってるんだ。じゃあ、俺もやってみよう」みたいな。みんな蹴るほうの足を観てるだろうけど、俺は軸足の移動と角度を観て「あっ、ここだ」と思ったりね。先生ですよ。

——鈴木さんの教材なわけですね（笑）。

鈴木　教材だね。勝手に通信教育だよ（笑）。

——こないだの武尊vsレオナ・ペタスも相当いい教材でしょうね。

鈴木　あそこまでいくと「すげー！」って言うだけになるけど（笑）。いま俺の中で観ていておもしろい格闘技の選手は、武尊、那須川天心、井上尚弥だね。俺、いまはほとんどテレビは観ないんだけど、この3人の試合をやってるときだけはテレビにかじりついて観てるよ。井上尚弥選手とは会ったことがないけど、大橋（秀行）さんのジムなんだよね。いまや世界の大橋ジムですよ。横浜高校のろくでもない先輩なのに（笑）。

——大橋ビルは数年単位で、どんどん大きなビルになってますもんね。

鈴木　儲かってるんだろうな。ちくしょー（笑）。武尊vs天心は今年中にはやるんでしょ？

——オリンピックの開催か中止かいかんで流動的ではあるんでしょうけど、夏頃にやるってもっぱらの噂ですね。

鈴木　観たいような、観たくないような。いや、観たいな。

——でも、これだけの本物の頂上対決が実現するって、プロレス、格闘技問わず、過去に例がないくらいですよね。

鈴木　馬場vs猪木みたいなもんでしょ？正式に決まったら、その試合をおかずに白飯いくらでも食えるよ（笑）。

——武尊選手のシャドーと100戦やってる鈴木さんの予想では、この試合はどうなりそうですかね？

鈴木　仕上がり次第かな。あと武尊はクセを突いていくけど、天心はその場で対応していくタイプだと思うんだよね。それがふたりにとって吉と出るか、凶と出るか。あとは距離は武尊が近くて、天心のほうが遠い距離が得意。まさに馬場vs猪木じゃないですか。

——そうですね（笑）。

鈴木　ジャイアント馬場は距離を取った攻撃のほうが得意なわけでしょ。アントニオ猪木は近いほうが得意でしょ。そこですよ。何を言ってるの？（笑）。

——武尊選手がアリキックを彷彿とさせるカーフキックを出していくかもしれないですしね（笑）。

鈴木　それはどっちも得意だろうし、先に決めたもん勝ちな気がするけど。まあ、この試合だけは予想するのは難しいよ。でも29歳の武尊と22歳の那須川天心に、52歳の俺がいい刺激をもらってますよ。俺はもう新日本に入門してからキャリア34年目になるからね。34年って、なんか古い建物の築年数みたいになってきたな（笑）。

——だいぶ年輪を重ねてきましたね（笑）。

鈴木　俺がここまで続けてきたのは、おそらく満足するところにたどり着かなかったからだろうな。たどり着いた人は満足してほかのことを始めたりもするだろうけど、俺はまだまだ、このあともう1回ピークが来る予定なんで。いま、それに向けて日々トレーニングしてるんだけど、武尊はそのモチベーションを上げてくれるよ。こないだの武道館も、武尊の試合を観たあとに興奮して練習して。さらに翌朝起きたあと、朝練もしちゃったからね（笑）。

プロレスがわかれば世の中が、
そして世界が見えてくる。

斎藤文彦×プチ鹿島

活字と映像の隙間から考察する

プロレス社会学のススメ

撮影：タイコウクニヨシ　司会・構成：堀江ガンツ

第13回

プロレスから学ぶ「疑わしい情報」の取り扱い方

日々、インターネットを中心としたあらゆるメディアから発信される〝ガセネタ〟（誤情報）。

現代社会では、情報の真偽の見極めや、疑わしい情報に惑わされないための術を身につけることがとても重要になっている。

本当なのか、嘘なのか？　思えば、我々プロレスファンは、子どもの頃から〝半信半疑〟という視点を獲得していたはず。

「〝内部情報〟的なものを聞いちゃったら、これは誰かに言いたい、伝えたいって、その瞬間はなってしまう」（鹿島）

――前回の最後に「プロレスと陰謀論」について少し触れましたけど、今回はあらためてそのテーマでトークしていきたいと思うんですよ。

斎藤　いま、ボクらひとりひとりに要求されている、メディア・リテラシーの話でもありますからね。

鹿島　情報の取り方、付き合い方が問われているという。それで言うと、少し前の話になりますけど、3月1日に猪木さんの〝死亡説〟っていうのがマスコミの間で駆け巡りましたよね。

斎藤　その時点では表には出ませんでしたけど、関係者やマスコミの間で情報が錯綜しました。それも午後のほんの数時間だったんですけど。

鹿島　ボクも新聞記者の方から「鹿島さん、猪木死亡説が出ています」っていうLINEをいただいて、「えっ!?」って驚いたんです。でも、そこで「これはほかの人にすぐに言ったらダメだな」と思ったんですよ。

斎藤　たとえばツイッターであげちゃったりするのはまずいってことですよね。

鹿島　そうなんです。でもボク自身、その衝動に駆られてしまったことも事実なんですよ。普段だったら、政治とか社会の話でのリテラシーっていうのは頭でわかっているんですけど、プロレスという自分のいちばん思い入れのあるジャンルで「そういう

説が出ている」という、いわば〝内部情報〟的なものを聞いちゃったものだから、これは誰かに言いたい、伝えたいって、その瞬間はなりましたね。

——特ダネをつかんだような気持ちにさせられたわけですね。

鹿島　だけどそこでグッとこらえて。事実であればいずれ公式でも出るだろうから、それまで待とうっていう。

斎藤　ツイッターなどを使って、ボクら発信で「という噂が出ています」っていうことをしたら、ハンドリングの仕方によってはボクたちが噂を流したことになってしまいます。

鹿島　その噂が出た2日後、まさにターザン山本さんが「デマを流した」としてネットで糾弾されていて（笑）。

——業界内ではその噂はすでに鎮静化されていたのに、2日遅れで世に出してしまったという（笑）。

斎藤　山本さんがそれをしてしまったのは、さもありなんという感じですが（笑）。あの噂がある程度の信憑性を持って業界内に広まった背景には、猪木さんが高齢で入院されているということと、心アミロイドーシスという難病を公表していること。それから、ちょうどあの日にリハビリ映像がYouTubeにあがったことですよね。

——あれは業界内で広まった噂を打ち消すような形で出たんでしょうけど、観る人にとってはタイムラグもあったかもしれないですよね。あと、その1週間ちょっと前が猪木さんの誕生日で、誕生日メッセージ動画もアップされていたんですけど、猪木さんって普段、人前に出るときは髪も染めて、スーツ姿でバシッとして出るじゃないですか。ところがあの動画は入院中なのでパジャマ姿で白髪が目立って髪の毛もボサボサだったので、一気に老け込んだように見えた。その記憶が新しかったので、余計に「噂は本当なんじゃないか？」と思われたんじゃないかと思います。

鹿島　その後、ボクは雑誌も好きなのでいろいろチェックしてみたら、翌週に出た『FLASH』3月23日号に「アントニオ猪木、3月1日、駆け巡った死亡説。〝生きてるよ、バカヤロー〟」という記事があって。その中の死亡説の発信源は誰なのかというくだりで、「某メディアの記者は本誌の取材にこう明かす。3月1日の昼すぎにあるプロレス関係者から『猪木さんの具合が悪くなってる』という連絡があった。それで急いで『猪木がヤバいらしい』と会社に連絡をしつつ、裏取りのために警察や内閣情報調査室の関係者に取材を始めた。すると夕方になって猪木危篤という話が飛び交い出したので、もしかしたら私かもしれません」と書いてあったんです。

——裏取りのためにいろんなところに連絡したことで、噂として広まってしまったと。

鹿島　それで興味深いのは、この記者がなぜ警察や内調に問い合わせたかといえば「猪木さんは北朝鮮とのパイプがあるので、その動きはおそらく公安関係者も追ってるだろう」ということで確認したと。そこで話が大きくなっちゃって「発信源は自分じゃないか」って言っているんですけど。これはガンツさんが言ったように、あるプロレス関係者から「猪木さんの具合が悪くなってる」と連絡があったから自分の信頼できる筋に裏取りをしていたら話が大きくなっちゃったっていう。もしかしたら具合が悪くなってるって言った人も、YouTubeの動画を観ただけだったのかもしれないですよね。

――ボクはその後、新間寿さんの取材をしたんですけど、新間さんのところには警視庁関係の人から連絡が来たらしいですね。

鹿島　じゃあ、話の辻褄としては合いますね。

斎藤　結局、どのようにして、それが噂にすぎなかったか判明したかというと、関係者がそれぞれ確認の連絡をしている中、たとえば元『週刊ファイト』編集長のフランク井上こと井上譲二さんが、藤波辰爾さんに電話をしたわけです。そうしたら藤波さんも驚いて猪木さんの携帯を鳴らしてみたら、猪木さんご本人が出て。「猪木さんは生きてましたよ」と譲二さんに返したから、プロレスマスコミの古めの人びともそれで知ったんです。

鹿島　凄い〝テレフォンショッキング〟が行われていたわけですね（笑）。

――猪木さんに直電できる藤波さんだからこそわかったという。

鹿島　今回の猪木さんの死亡説は、誰がうっかり漏らすか、不用意かっていうのが浮き彫りになり、みんなのリテラシーが問われたんですけど。一方でプロレスというジャンルは、そういう噂話の宝庫だったじゃないですか。

――人の生死に関わらない噂話は、関係者が毎日のようにしているという（笑）。

斎藤　まあね（笑）。

鹿島　プロレスファンはそこで鍛えられたものが凄くあると思っていて。先日も映画史・時代劇研究家の春日太一さんとイベントをやった際、「ボクらが陰謀論にハマらず、いまの時点で大火傷せずに済んだのは、子どもの頃にプロレスに関する情報で鍛えられたからだ」っていう話になったんですよ。やっぱりあの頃ってネットもなかったし、ボクなんかは「これ、怪しいな」っていうような雑誌も含めて全部を読み込んだうえで、自分の中で悶々としていた部分があったので、そういうので鍛えられたし。なんだったら簡単に情報が裏切られた瞬間も経験しているので、そこはけっこう強かったなって。

「ドナルド・トランプが『CNNはフェイクニュースだ』と言うと、アメリカの大統領がデタラメを言うわけがないとそのまま信じる人がいる」（斎藤）

――ボクらは子どもの頃から、プロレスの試合やプロレス雑誌に熱狂しながらも、どこか半信半疑で見ていましたもんね。

鹿島　日本のプロレスは活字メディアが発達していて、プロレス雑誌も複数出ていたし、業界外でプロレスに愛のない出版物なんかでもプロレスの記事がけっこうあったじゃないですか。その中で「これはどうなんだろう?」という情報があったとき、「じゃあ、逆の人の意見を聞いてみよう」と複数のソースを確認する重要性というのは、プロレスで学んだ気がします。プロレスによって、ボクはいろんな視点の意見や情報を収拾してみようって思うようになりましたね。

斎藤　かつては各メディアの性格をボクらがまあまあ理解していたというか、マスコミを見分ける術みたいなものを、ある程度は身につけていたと思うんですよ。ところがネットは信憑性の高いものと低いものがごっちゃになっているにも関わらず、その見分け方をあえてさせないようにしているところがある。見た目が綺麗なページだったりすると、それがデマサイトなのかどうなのか、簡単にはわからないんです。

鹿島　特に海外からの情報だと、よりわからなくなりますよね。「海外の新聞によると」って書かれると、日本人は弱いところがあるから。

斎藤　たとえば『ニューヨーク・タイムズ』や『ワシントン・ポスト』は昔からある大新聞ですけど、同じような名前の『ニューヨーク・ポスト』と『ワシントン・タイムズ』は、記事の信憑性に雲泥の差があるじゃないですか。

鹿島　『ニューヨーク・ポスト』って、名前の響きだけ聞くと一流メディアだと思ってしまいがちだけど（笑）。

――朝日新聞と『アサヒ芸能』ぐらい違うっていう（笑）。

斎藤　それなのに両方とも同等の信頼を持ったメディア、あるいは情報ソースとして使っている人が平気でいるんです。

鹿島　そこもボクらプロレスファンは、東スポで鍛えられているんですよ。東スポの記事で「英国紙『ザ・サン』によると」って書かれていると「ああ、そういう類の記事ね」って（笑）。

――東スポの「ネッシー生捕り」とか「2メートルのうさぎ発見」とかの記事って、提携していたタブロイド紙『ザ・サン』とかアメリカの『ニューズ』誌の〝スクープ〟の転用なんですよね。言わば、引用リツイートというか（笑）。

鹿島　ボクらはそういった記事をさんざん読んできているからわかりますけど、免疫がない人は「イギリスの新聞がこう書いている」となれば、日本の読売や朝日のような新聞が報じているのかと勘違いしてしまう。実際のところは「いやいや、イギリスの日刊ゲンダイや夕刊フジみたいなものだから！」ってことなのに。

斎藤　だからこそ、その見分けが大事なんですよね。それから、もっと気をつけなきゃいけないのは、たとえばドナルド・トランプみたいな人が「CNNはフェイクニュースだ」と記者会見で発言する。そうすると、まさかアメリカの大統領がデタラメを言うわけがないって感じで、一定数そのまま信じる人がいるんです。ボクらからすれば「CNNがインチキニュースってことはいくらなんでもないよ」っていうのはだいたいわかるじゃないですか。

鹿島　トランプの「フェイクニュース」発言をそのまま鵜呑みにしてしまう人だと、会話にならないんですよね。たとえば「CNNのここのニュースの報じ方がおかしい」って言うのであればまだ論議は成り立つんですけど、CNN自体を「フェイクだ」って言われちゃうと。

斎藤　CNNも朝日新聞もアンチはいると思うんですよ。でも、そのメディア自体を「フェイク」だと言うのはちょっと話にならない。

鹿島　結局はそれを言いたい人の都合のよさになっちゃうんですよね。

——プロレスにおける情報の信憑性という話で言うと、ネット黎明期の2ちゃんねるとか玉石混交だったじゃないですか。そこには鹿島さんのように半信半疑で接する人もいますけど、怪しげなケーフェイ話をまるごと信じちゃうような人もいて、それがいまだに一人歩きしているところがあると思うんですよ。

鹿島　前にも話で出た、業界の人が誰も使わない言葉が、ネットの中では〝隠語〟として普通に使われているってやつですよね。

斎藤　「勝ちブック、負けブック」「誰がブック書いたの?」とか。ブックという言葉を本のことだと勘違いしたまま、信じてしまってる人が一定数いましたよね。

——もともとはタダシ☆タナカとその信者数名が書き込んでいたものが、ミスター高橋本で妙に補完されて、間違った形でネットの中に「真実」として残っちゃったりしていて。

鹿島　しかも厄介なことに、プロレスに興味がある人が勘違いとか論争をしているならともかく、プロレスをひとつの知識として、ちょっと聞きかじった感じで「ああ、ブックね」「プロレスってブックがあるんでしょ」みたいな感じで済ませちゃう人もいるじゃないですか。

——だから陰謀論と同様、「ネットの真実」みたいなものって、伝播力が妙に強いところがあるから困りますよね。

斎藤　子どもの頃からプロレスが大好きで、年齢が高いマニアでも、その罠にハマってしまう人がいて。何十年もプロレスを観ているのに「最終的には自分が知りたかったのはブックだった」って言っている人がいる。「それを知りたくて40年も50年もプロレスを観ていたの!?」って、それも驚きだけど、それがその人の目的とかゴール設定だとしたら、何十年もプロレスを観てきたのはそれがゴールではなくて、スタート地点だと知るためです。

鹿島　それこそ猪木さんなんて、引退する間際に「いまだにプロレスがわからない」って言っていましたけど、あれがたぶん最大の真実だと思うんですよ。

斎藤　ボクもそう思います。

「自分が気に入らない答えを見て『これは切り取りだ』っていうのは何も言っていないのと同じ。記事はすべて切り取りなんだから」(鹿島)

鹿島　ボクらが子どもの頃は、まだゴールデンタイムで放送してたから、プロレスに対して否定的な大人の声っていうのはいまよりもあったじゃないですか。それに対して不安な気持ちになる自分もいましたけど、半信半疑のまま猪木さんの試合を自分の目で観て、自分が納得するものだからっていう付き合い方をしてきた。でも、いまってもう真っすぐしかないじゃないですか。

——プロレスって、信じて裏切られて、感動して失望して、その連続ですよね。それを一度のネガティブな事象や情報で切り捨てるのはもったいない。プロレスを純粋に愛していたが故に、ネットの裏情報やいわゆる暴露本で大きなショックを受ける人もいるでしょうけど。

鹿島　だから先のアメリカ大統領選で陰謀論を展開していたQアノンとかもそうだけど、「そんなのにひっかかって」って、ただ笑ってバカにしているだけではダメだと思うんですよ。態度として、自分がそっちに行く可能性もあったっていうふうに考えておかないと。理解を示すのではなくて。

斎藤　日本でもJ－Qアノンていうのがありますからね。いわゆる陰謀論を展開して、「3月4日にトランプがもう一度大統領に就任する」って言っていた人たちが。

――アメリカ合衆国ではなく、アメリカ〝共和国〟の大統領になるっていうのもありましたね（笑）。

鹿島　あと、アメリカのQアノンって、母国語の英語でストレートに陰謀論を展開していますけど、日本のいわゆるJアノンって、英語がわからない人も多いじゃないですか。だから二次加工され、日本だけで独自に培養された陰謀論みたいなものも生まれている。その日本発の陰謀論を流す人も、デマだとわかっていてやっているのか、それとも悪意でやっているのか。

斎藤　そういうものに触れたときに問われるのが、リテラシーなんですよね。でもスマートフォンがこれだけ急速に広まったことで、ネットの情報に免疫がない、新聞やニュースの見出しに疑問を抱かない旧活字層が、陰謀論にわりと簡単にハマってしまうパターンが増えている。

鹿島　それって、さっきボクが猪木さんの死亡説を聞いたときの気持ちとちょっと似ていて、「まだまわりに知られていないことを知った」ということに、どこか優越感を抱いてしまうんですよね。

斎藤　ほかの人より先に〝真実〟を知っちゃったというふうにね。それがデマだとは思わないし、思いたくない。

鹿島　そこがいちばん厄介で。陰謀論にハマる人って、自分ではいわゆる〝情弱〟だなんて一切思っていなくて、逆にほかの人よりもネット検索でよりリサーチしているっていう自負があるんですよ。

斎藤　でもグーグルで数分検索しただけで、どうして「メディアが書かない真実」にたどり着けると思っちゃうのかなって。

鹿島　こないだおもしろかったのは、「自分の田舎のお母さんが陰謀論にハマってしまった」っていう記事があったんです。それを読んでみると、去年の5～6月、コロナ禍で自粛生活の真っ最中に田舎のお母さんがやることないからネットを1日に何時間も見始めちゃって、それでまさにQアノンの陰謀論にハマってしまったっていう。それで「自分はこれだけネットで勉強して真実を知ったけど、テレビや新聞は何も報じていない」って憤っていると。だから「自分はほかの人よりよく知っている」と思い込むことで生まれた優越感で、ますます信じ込んでしまうっていう。

斎藤　そっちに流れがちの層の多くは、二言目には「テレビの偏向報道」だとか「あれは切り取りだもん」と言いがちなんです。でも、すべてのメディアの記事やニュースは切り取りですよ。切り取って編集して伝えるのが当たり前の報道です。

鹿島　要約ですもんね。ボクらは国語のテストでも散々やってきたじゃないですか。

「ここからここの文章の中で要点を抜き出しなさい」っていう。その要点を報道している。もっとまともな言葉で言えば、それが「編集」なわけで。

斎藤　切り取るのは当たり前で、何をどう切り取ったか、それによってどんなバイアスがかかったのかっていうことが大切なのに、伝家の宝刀みたく「切り取り報道だ」という一種の呪文に落とし込むのは、そこで思考が停止してしまっているんです。

鹿島　もっと言えば、その報じ方っていうのは、各局、各紙が違ってもいいんですよね。だけど自分が気に入らない答えを見て「これは切り取りだ」っていうのは、何も言っていないのと同じ。記事はすべて切り取りなんですから。

斎藤　「この発言をこう捉えるのは意味が違う」というならともかく、ですよね。

鹿島　だからボクもプロレスの試合を観たあと、記者の主観も入った週プロの試合リポートを読んで「こういう見方もあるのか」と鍛えられ、楽しみましたけど。脊髄反射のように「切り取りだ！」って言っている人は、週プロを読んで「偏向だ！」って言っているようなものですよね。「いや、そりゃ偏ってるよ」っていう。

——週刊ファイトなんか完全に新日本に偏ってましたからね。あとスポーツ報知やデイリースポーツに対して「巨人、阪神びいきすぎる。偏向報道だ！」って言っても仕方がない（笑）。

鹿島　それは読売新聞と朝日新聞も同じだし、それぞれボクは野球の観客席にたとえて「1塁側」「3塁側」と呼んでいますけど、そういうメディアの性格を踏まえて上で付き合えばいい。でも、いまは「週刊ファイトは偏ってる！」って真顔で言っている人が幅を利かせている気がするので、「偏ってるのとフェイクは違うよ」って言いたいですね。

「昭和の新日本プロレスは、製作総指揮・監督・主演、すべてアントニオ猪木。ミスター高橋はクリエイティブにはかすってもいない」（斎藤）

——あと、いわゆる暴露本との付き合い方も問われたと思うんですよ。あれにしっかり受け身を取って、自分なりに判断すればいいと思うんですけど、まるっと信じてしまって残念ながらプロレスを楽しめなくなってしまった人や、プロレスを変にわかった気になってしまった人がいたりして。

斎藤　ミスター高橋本をはじめとした暴露本を100パーセント信じちゃうのは、それを読んでいる本人のプロレスに対する自信のなさの表れでもあると感じます。自分自身で観る側のレベルを上げていって、プロレス観を構築できていない場合、どうしても外からの情報に頼ってしまう。

鹿島　「元レフェリーが言うことだから、これはたしかな情報なんだろう」ってことで全乗りしてしまうんでしょうね。

——ミスター高橋本が出る前から、ネット上にはタダシ☆タナカ信奉者みたいなのが一部でいましたけど、「ブック、誰が書いた？」的な、ネットだけのスラングも含めたものが妙に定着してしまった気がしますね。

鹿島　ボクなんかもスケベですから、いろんな媒体を読むのが好きなんですけど。真偽不明で「これは人前では言わず、個人の嗜みにしたほうがいいな」っていう情報は胸の中に入れておいて、それがたとえば読売新聞や毎日新聞などで出てきたら「これは外で言っても大丈夫な情報だな」と判断する、使い分けを自分の中でやっているんですよ。

——読売、毎日というのは新聞ですから、当然、裏取りをしてから記事になっているはずなので、情報に対する信頼度が違いますもんね。

鹿島　そうなんです。真偽不明でちょっとディテールが信用できるっていうくらいの情報に全乗りするっていうのは、かなり危ないんです。

斎藤　ごく一般的な活字の力としてファンが信用してしまうというのは理解できないことはないんです。自分で調べようがないことを、ミスター高橋が書いてくれたんだと思ってしまうというのは。

——〝当事者〟の証言という信頼性ですよね。

斎藤　でも、ちょっと違う角度から見てみれば、レフェリーのミスター高橋がレスラーでありプロモーターの猪木さんや坂口さんに対して「今日の試合はこうしろ」って命令するはずがないなっていうのは、なんとなくわかるはずなんです。

鹿島　そうなんですよ。遠征先の巡業風景を少しでも現場で見たことがある人は「いや、そんな状況はないよ」ってわかるわけじゃないですか。

斎藤　ミスター高橋は、猪木さんに対してそんな口はきけない。こう言ってはなんだけど、当時の新日本プロレスに限ったことではなく、レフェリーのステータスはそれほど高くない。

鹿島　でも本を読んだだけで、しかもレフェリーが言ってることだからって全乗りしちゃうと、「マッチメーカーもやったことがあったレフェリーのミスター高橋は権力を握ってたんだな」って思ってしまう。

斎藤　ミスター高橋はそこも確信犯的な書き方をしていて、「プロレスというのはご存知の通り演出がなされてるものですから、じつはレフェリーがいちばん権限があるんです」というロジックに導いているじゃないですか。信じてしまいますよね。

鹿島　そこには何か凄い飛躍した部分が含まれているんだけど、前提までが正しければ、もしくは信用できれば、それを飛び越えたものまで人は信じちゃうってことですよね。

——それはまさに陰謀論と同じですよね。デマの間にもっともらしい情報がまぶしてあるという。

斎藤　だいたいミスター高橋が演出したプロレスを、猪木さんがすんなり演じてくれると思いますか?

鹿島　よく考えるとそうなんですよね。

斎藤　昭和の新日本プロレスというのは、製作総指揮・監督・主演、すべてアントニオ猪木ですよ。ミスター高橋はクリエイティブにはかすってもいない。レフェリーは黒子です。

——猪木さんって、ビンス・マクマホンがメインイベントをやってるのと一緒ですもんね。

斎藤　そう。猪木さんとビンスは近い。

――ビンスとハルク・ホーガンが合体したのが猪木さん（笑）。

斎藤　新間寿さんが〝過激な仕掛け人〟と呼ばれているけど、本当の仕掛け人は常に猪木さんでしょ？　猪木さんが異種格闘技戦を考えた、猪木さんが藤波さんをジュニア王者にしようと考えた、猪木さんが維新軍を考えた、猪木さんがＩＷＧＰを考えたとは言えないから、新間さんを仕掛け人の〝役〟としてプロデュースした。そうしたら新間さん自身も自己催眠にかかったかのように、すべて自分が動いたように自己同一化していったんだけど。

鹿島　それを猪木さんも否定しませんからね。

「ちょっと知っただけで、すべてをわかったつもりになるのはやめておいたほうがいい。それをボクらはプロレスをから学ぶことができた」（鹿島）

――新間さんが仕掛け人ってことになっている方が、猪木さんにとっても都合がよかったんでしょうね。猪木さんが自分の敵になる維新軍を作ったとなったりしたら、おかしな話になるから（笑）。

斎藤　ボクが新人記者の頃、たとえば猪木さんが蔵前国技館の試合後、支度部屋の畳に腰掛けて記者に囲まれると、虚な目で「さっき頭を打っちゃって、よく憶えてないんだよ」って言って。そこからは憶えてないなりの途切れ途切れの会話にしかならなかったりするんですよ。もちろん記者も「猪木さん、本当は憶えてるでしょ？」なんてつっこむ人はいなくて。

鹿島　アントニオ猪木を演じきってるわけですね。

――蝶野（正洋）さんも言っていましたよ。ブルーザー・ブロディとの初対決のとき、試合前に猪木さんが控室でブロディに襲われてケガをして、付き人の蝶野さんが駆け寄ったら、猪木さんが泣き出したらしいんですよ。「こんな大事な試合前に……あの野郎！」って。控室には猪木さんと蝶野だけで、カメラマンも記者もいない中で「この入り込み方は凄い……」って。

斎藤　だからプロレスが特別なところは、映画や芸術作品のように報道してもいいし、もちろんスポーツのように報道しても成立することです。載せる媒体によって、お芝居のような切り口で記事を書きたい人もいるだろうし、まったくの門外漢として全部信じて受けとめた状態で書くエッセイも成り立つから、いろんな語り口があっていいんです。だからこそ逆にプロレスが好きでマニアな人っていうのは、常にリテラシーが問われている。

鹿島　裏話も含めて、すべてはプロレスを構成する情報のひとつであり、簡単に「これが真実」みたいなところに全乗りすべきじゃない、ということですよね。

――とは言っても、キャリアの長いプロレスファンって、プロレスは掘っても掘ってもなかなか真実にたどり着かないという経験をリアルにしているから、簡単には鵜呑みにしない人が多いと思うんですよ。

斎藤　これまでの経験や知識と照らし合わせますからね。

――それより、インターネットネイティブの世代のほうが「ググればわかる」っていう感覚になっているんで、自分が観ていなかった時代のプロレスも、さも知ったような感じで断罪する人が多い気がするんですよ。たとえば「猪木は格闘技路線で新日本をめちゃくちゃにした戦犯」みたいなのとか。それは事実である部分もあることはあるけど、あの2000年前後の新日本は、それまで築き上げてきた「プロレスこそ最強」「キング・オブ・スポーツ」というイメージが総合格闘技によって脅かされた、ある意味での存亡の危機だったわけですよね。

斎藤 そこは一方の側面だけでは分析しきれないですよ。

鹿島 それはある意味で歴史修正主義に乗っかっちゃう人と同じような感覚ですよね。「自分はよく知ってるよ」って、いまの時点で結果を知ってるから、ちょっと調べただけでわかった気になって「猪木が新日本をダメにしたよね」って簡単に言えちゃう。コスパのいい気持ちよさなんですよ。

——もしくは「結局、三沢は馬場さんを裏切ったんだよね」とか。ノアとして独立に至るまでいろいろあったことをスルーして、結果の部分だけを見て断罪したり。

斎藤 それは凄くあると思います。

鹿島 経過、プロセスを端折って、まとめの答えだけがほしいんですよね。

——「髙田vs北尾ってブック破りでしょ?」とか、簡単に言うなよ!っていう(笑)。

斎藤 ヤフー知恵袋で初心者からのプロレスの質問があると、そういう答えに「ベストアンサー」とかついたりね。

鹿島 だから「過去はすべて知ることができる」っていう感覚が、じつは傲慢なんだということを肝に銘じておかないといけないですよね。

——それをやってしまったら、プロレスを考えるおもしろさの入り口にも立っていない気がしますよ。「リングスってワークでしょ?」とか、ネットで聞きかじった情報でわかったようなことを言う人もいますけど、プロレスから総合格闘技への過渡期っていう革命的なことが行われていた時代を想像しようとすらしないのは、どうかなって思いますよ。

鹿島 もう二度と味わえないような、いい時代を観られたんですよね。

斎藤 プロレスか総合かっていう時代性もそうだけど、ヴォルク・ハンとか、プロレスがない国の人たちにプロレスを教えて、言葉が通じない者同士に試合をさせて、日本のファンを熱狂させるって凄いこと。そして最終的には(アリスター・)オーフレイムとか、(エメリヤーエンコ・)ヒョードルのような、MMAの世界で最強と呼ばれる選手たちを世に出したんだから、前田さんはもっと評価されていいと思う。

——ボクらがずっとプロレスを追い続けてるのって、プロレスの深い部分を知れば知るほど、「凄いな」と思うことがたくさんあるからですもんね。それをググっただけですべてわかったかのように切り捨てるのは本当にもったいない。

斎藤 それは、その人がどこまで知りたがっているかということでもありますよね。ググっただけとか、その程度の結論づけで納得する人はそこまでの興味しかないんだろうし。でもプロレスが本当に心から好きで、いろんなことが純粋に不思議で、それ以上のことを知りたければ、もっといろんなものを読んだり、観たり、自分の頭で考えたりしないと。

鹿島　ホントそうですね。たくさん読んで、観て、考えればいいんですよ。いまはネットで簡単に調べられる便利な時代だからこそ、ボクらも違うジャンルで同じ間違いをしてしまうかもしれない。ちょっと知っただけで、すべてをわかったつもりになるのはやめておいたほうがいいってことを、ボクらはプロレスを通じて学ぶことができたと思いますね。

プチ鹿島
1970年5月23日生まれ、長野県千曲市出身。お笑い芸人、コラムニスト。
大阪芸術大学卒業後、芸人活動を開始。時事ネタと見立てを得意とする芸風で、新聞、雑誌などを多数寄稿する。TBSラジオ『東京ポッド許可局』『荒川強啓 デイ・キャッチ！』出演、テレビ朝日系『サンデーステーション』にレギュラー出演中。著書に『うそ社説』『うそ社説2』(いずれもボイジャー)、『教養としてのプロレス』(双葉文庫)、『芸人式新聞の読み方』(幻冬舎)、『プロレスを見れば世の中がわかる』(宝島社)などがある。本誌でも人気コラム『俺の人生にも、一度くらい幸せなコラムがあってもいい。』を連載中。

斎藤文彦
1962年1月1日生まれ、東京都杉並区出身。プロレスライター、コラムニスト、大学講師。
アメリカミネソタ州オーガズバーグ大学教養学部卒、早稲田大学大学院スポーツ科学学術院スポーツ科学研究科修士課程修了、筑波大学大学院人間総合科学研究科体育科学専攻博士後期課程満期。プロレスラーの海外武者修行に憧れ17歳で渡米して1981年より取材活動をスタート。『週刊プロレス』では創刊時から執筆。近著に『プロレス入門』『プロレス入門II』(いずれもビジネス社)、『フミ・サイトーのアメリカン・プロレス講座』(電波社)、『昭和プロレス正史 上下巻』(イースト・プレス)などがある。

PRO-WRESTLING
STAR
WARS

HENTAIZADANKAI

玉袋筋太郎の変態座談会

TAMABUKURO SUJITARO

“伝説のアイドルレスラー”

CUTIE SUZUKI

キューティー鈴木

その愛らしい容姿とタフさに誰もが夢中になったはずだ! ジャパン女子、JWP、謎多き芸能活動を振り返る!!

収録日:2021年4月5日　撮影:タイコウクニヨシ　試合写真:平工幸雄　構成:堀江ガンツ

[変態座談会出席者プロフィール]

玉袋筋太郎（1967年・東京都出身の53歳／お笑い芸人／全日本スナック連盟会長）

椎名基樹（1968年・静岡県出身の52歳／構成作家／本誌でコラム連載中）

堀江ガンツ（1973年・栃木県出身の47歳／プロレス・格闘技ライター／変態座談会主宰者）

[スペシャルゲスト]

キューティー鈴木（きゅーてぃー・すずき）

1969年10月22日生まれ、埼玉県川口市出身。元女子プロレスラー。タレント・女優。中学3年生のときに女子プロレスを観戦して女子プロレスラーになることを決意する。1986年3月、設立されたばかりのジャパン女子プロレスのオーディションを受けて合格し、入門のために高校を中退。1986年9月19日、プラム麻里子戦でデビュー。その愛らしいルックスからアイドルプロレスラーとして人気を集め、プロレスだけでなく、歌やドラマ、映画、CM、グラビア、バラエティーなどのテレビ番組など多方面で活躍する。1992年1月26日にジャパン女子が解散すると、同年4月3日に旗揚げしたJWP女子プロレスに参加。1998年12月27日、後楽園ホールにて現役生活を終える。引退後も芸能の仕事は継続したが、2005年5月に結婚をして、その後ふたりの子宝にも恵まれ、現在は専業主婦。

「全女に入っていたらたぶん続かなかったと思う。『まわりを蹴落としてでも上がる』っていう世界なので」（鈴木）

ガンツ　玉さん！　今回はボクらのアイドルに来ていただきました！

玉袋　今日はまず、俺たちはキューティーさんにお礼を言わなきゃいけねえよ。これまで何度お世話になったことか！

椎名　若い頃、ずいぶんお世話になりましたね（笑）。

玉袋　また、あいかわらずお綺麗で！

椎名　キューティーですね（笑）。

鈴木　いやいや。この歳でこの名前って、もう恥ずかしくて（笑）。

椎名　キューティー鈴木が「キュート」の語源だと思っていましたから（笑）。

玉袋　俺はたけし軍団で駆け出しの頃、『スーパーJOCKEY』のTHEガンバルマンで「女子プロレスに挑戦」って企画があって、ジャパン女子プロレスの道場に行ったことがあるんだよ。そのとき、「あれ、かわいいコがいるな」って思ったのがキューティーさんだったんだよ。

ガンツ　ジャパン女子は芸能に強かったですから、そういうタイアップがすぐに組まれたんですね。

鈴木　そうなんです。もともとボンドっていう芸能事務所がバックアップしてくれていて。

玉袋　ボンド企画といえば松本伊代ちゃんだよ。あとは少女隊とかね。

鈴木　少女隊は試合会場にも来てくれたりしましたね。

ガンツ　ジャパン女子の旗揚げ戦にも来てましたよね。

玉袋　もともと女子プロレスラーになる志望動機はなんだったんですか？

鈴木　私は中3のときに友達に誘われて女子プロレスを観に行ったときに大好きになって、「もう、これしかない！」と思って全女のオーディションを受けたんですけど、ダメだったんですよ。それで仕方なく高校に進学して、次の年も受けたんですけどまたダメで。そうしたらたまたま新しく「ジャパン女子」っていう団体ができるっていうのを知って、そっちも受けてみたら受かっちゃったんです。

玉袋　〝2浪〟しそうなところでジャパン女子に入れたわけか。キューティーさんが全女を落ちた年に合格したのは誰なんですか？

鈴木　最初は北斗晶さんの世代で、2回目がアジャ（・コング）たちですね。凄い人数が受けていて「これは受からないな」って。

ガンツ　クラッシュ・ギャルズ人気が絶頂の頃ですもんね。

玉袋　もし全女に入っていたら、また人生が変わっていたんだろうな。

鈴木　全女に入っていたらたぶん続かなかったと思う。「まわりを蹴落としてでも上がる」っていう世界なので。

玉袋　徹底した縦社会だしね。ジャパン女子にはそういう空気はなかったんですか？

鈴木　全然なかったわけじゃないですけど、基本的には「全女に負けたくない」とか「全女よりも上にいきたい」っていう気持ちがあって、違うところに目がいってたんで。

椎名　共通の敵がいれば団結しますもんね。

玉袋　寮生活はどんな感じだったんですか？

鈴木　練習もキツいし、つらかったですね。入る前は「練習はつらいけど、みんなでがんばろう！」みたいに明るい感じを想像していたんですけど、やっぱり全国あちこちから歳も違う人が集まっているから、何が普通かもわからなくなってくるし、練習でみんなストレスが溜まってきているからギスギスしてるし。

ガンツ　友情に支えられたスポ根的な感じとは違ったんですね。

鈴木　全然です。いつも同じ人と顔を合わせていて、基本は気が強い人の集まりじゃないですか？　だから妬みもありましたし。

玉袋　脱走は？

鈴木　私は脱走したことはないんですけど、一度、集団で練習をボイコットした人はいましたね。

ガンツ　ジャパン女子内で「護国寺事件」と呼ばれているやつですね。

鈴木　そうです、そうです。

ガンツ　練習生が集団で逃げて、護国寺で集まっていたんですよね。そうしたらジャッキー佐藤さんが合宿所にあったその人たちの荷物を全部外にぶん投げて（笑）。

玉袋　ジャッキーさんといえば雲の上の存在の人でしょ。どうだったんですか？

鈴木　プライベートで話すことはほとんどなかったですね。やっぱり、こちらから話しかけるようなことはなかなかできないんで。

「ジャパン女子はほとんどの人がゼロからプロレスを始めて、半年でデビューしなきゃいけなかったわけか」（玉袋）

玉袋　キューティーさんの同期は誰になるんですか？

鈴木　ハーレー（斉藤）とか（ダイナマイト）関西、尾崎（魔弓）、あのあたりは全部ですね。

椎名　合宿所で同部屋は誰だったんですか？

鈴木　最初の頃はイーグル沢井とオスカル智、あとは伊藤勇気の4人だったかな？　あとは大沢ゆかりもいたかも。いちおう6畳の部屋に3段ベッドが並んでいて。

ガンツ　3段ベッド（笑）。

玉袋　それ、ジャパゆきさんだよ（笑）。
鈴木　歩くスペースしかなくて、話すときはベッドの上で。
ガンツ　ベッドから顔を出しながら（笑）。
鈴木　そんな感じです（笑）。
玉袋　それにしても、親御さんもよく女子プロに行くことを許してくれたよね。
鈴木　レスラーになりたいっていうことを知っていたっていうのもありますし、もちろん「絶対になれるわけがない」と思っていたので応援はしてくれていたんですね。ただ、受かったときには「えっ……」っていう感じはありましたね。
ガンツ　それで高1で学校を中退ですもんね。
鈴木　親としてはなりたいものを止められはしないけど、せめて高校ぐらいは卒業してほしいっていう。
玉袋　世間的にいえば中卒ってことだもんな。
鈴木　中卒なんですよ。だから子どもにはあまり言えなくて（笑）。
ガンツ　でも当時は「高校卒業してからじゃ遅すぎる」って世界でしたもんね。
鈴木　そうなんですよ。
玉袋　25歳定年制があった頃は、高校を卒業していたら、入った途端にカウントダウンが始まっているようなもんだからな。入門してデビューまでは早かったんですか？
鈴木　だいたい半年くらいですね。3月にオーディションに受かって、8月には旗揚げ戦だったので、急いでデビューさせたんですよ。
ガンツ　ジャッキーさんとナンシー久美さん以外は全員新人ですもんね。神取（忍）さんはデビュー戦がいきなりジャッキーさんとのメインイベントでしたけど。あと風間ルミさんもシュートボクシングのプロキャリアはあるけど、プロレスはデビュー戦で。
玉袋　風間さんも前にこの座談会に出てもらって、凄いスナックのママ気質があってよかったんですよ（笑）。
鈴木　いまもかわいらしいですよね。
椎名　かわいい声でしゃべられると、煙に巻かれてるような感じで（笑）。
玉袋　「ボトル入れます！」ってなっちゃうよ（笑）。
鈴木　「ジャパン女子四天王」って言われている人の中で、風間さんとはけっこう対等にしゃべれたんですよ。でも神取さんやジャッキーさんとはしゃべれませんでしたね。
椎名　男子とはしゃべれない（笑）。
ガンツ　男子じゃないですよ！（笑）。
椎名　男役ね（笑）。
玉袋　じゃあ、ジャパン女子はほとんどの人がゼロからプロレスを始めて、半年でデビューしなきゃいけなかったわけか。

鈴木　みんな一斉に始めましたけど、やっぱり上手い下手が出てくるじゃないですか。私は下手くそだったんですけど、うまい人はジャッキーさんがプロレスの技術を教えて、下手くそのクラスは神取さんが教えてくれたんですよ。神取さんは受け身すらできない私たちを見捨てないで、最後まで教えてくれてたので、それは凄く感謝していますね。

玉袋　神取さんは、井田真木子さんの本とかを読むと強烈なエピソードの持ち主だけど、やさしいんだよな。

鈴木　やさしかったですよ。まあ、怒ったら本当に怖いですけど（笑）。

椎名　怒られることもあったんですか？

鈴木　ありますよ。神取さんはけっこう食事について言いますね。

椎名　「食え！」ってことですか？

鈴木　いや、そうじゃなくて。食事は当番制で自炊だったんですけど、みんな中学卒業したばかりくらいの子だから、料理がそんなに上手じゃないんですよね。あとはいろんな地方から来ているので。

玉袋　それぞれ味つけが違うんだ。

鈴木　そうなんです。あるとき、関西の子が野菜炒めをソース味にしたんですよ。でも神取さんは関西人じゃないから、ちょっとお口に合わなかったんですかね（笑）。

玉袋　「野菜炒めにソースはねえだろ！」ってなったわけか（笑）。たしかに関西はソースだわ。

鈴木　でも知らないじゃないですか。私たちも食べてみてビックリしたんですけど。神取さんはその味が信じられなかったのか、マズイとかそういう問題じゃなくて、たぶんソース味が許せなかったんだと思います。

ガンツ　刺身にソースをつけたぐらいの感じで。

「最初にリングネームを聞いたとき『えーっ！』って思ったんですけど、次にアップル鈴木って言われたので『もうどっちでもいいや』って（笑）」（鈴木）

玉袋　そういうことだよ。じゃあ、キューティーさんは旗揚げ戦でデビューしたんですか？

鈴木　私は間に合わなかったんです。とにかく旗揚げ戦で選手の頭数をある程度揃えなきゃいけなかったので、旗揚げ2カ月になったらできる子から先に教えていって、私たちみたいなできない子は、あまり見てもらえなかったんですよ。凄くテンションが下がるけど、実力の世界なので仕方ないですよね。

ガンツ　落第みたいな扱いになると。

鈴木　それはもう。いてもいなくてもいいって感じで、よく「荷物まとめて帰れ！」って言われましたから。

ガンツ　よく考えるとジャッキー佐藤とナンシー久美以外は全

員デビュー戦って、凄い興行ですよね。

玉袋　大博打だよな。それでいて観るほうの期待値も高いわけだからさ。

鈴木　だから私たち落ちこぼれより、旗揚げ戦に選ばれた人たちのほうが凄く大変だったと思います。

玉袋　新人ばかりだけど、芸能が入っているから演出は派手だしさ。

ガンツ　プロレス界で初めてレーザー光線を導入したんですよね。

椎名　新生UWFよりも先だったんだ？

ガンツ　1986年8月に旗揚げなので、UWFより2年早いんですよ。

椎名　2年も早いの!?　すげーな、ジャパン女子。

玉袋　コスチュームも派手だったよね。

鈴木　水着もそれまでは競泳用を使っていたんですけど、ジャパンは芸能のコンサートで衣装を作ってくださるようなデザイナーさんがみんなのコスチュームを作ってくださったんです。

ガンツ　女子プロレス専用の水着の先駆けだったわけですね。それで全員、リングネームは秋元康大先生につけていただいて。

玉袋　全員、秋元先生が名づけ親っていうのは考えてみたら凄いよ。

ガンツ　全員、顔写真と本名を見ただけで一瞬でつけたという（笑）。

玉袋　そのへんはたけし軍団に近いものがあるな（笑）。で、「キューティー鈴木」になったと。

鈴木　最初は「キューティー鈴木」って聞いて「えーっ！」って思ったんですけど、その次に「アップル鈴木」って言われたので「もうどっちでもいいや」って（笑）。

ガンツ　くだものシリーズがあったんですよね。プラム麻里子さんは苗字が「梅田」だったから「プラム」っていう。

鈴木　プラム麻里子は最初「コマ梅田」だったんですよ。

玉袋　梅田コマ劇場から来てるのか（笑）。

鈴木　そうなんです。でも梅田コマ劇場を知っているのは関西人だけで、幹部の人たちもなんで「コマ」なんだかわからなくて。結局は「プラム麻里子」のほうを選んだんですけど、そういうのがたくさんありましたね。

玉袋　デビュー前の練習期間は、落ちこぼれたりはしても給料はもらえたんですか？

鈴木　いちおう2万円ですね。

玉袋　でもまあ、寝食はできると。

椎名　3段ベッドですけどね（笑）。

玉袋　俺もたけし軍団の下っ端のとき、月2万円だったんだけど、その2万円から1万3000円のアパート代を払ってたから食えなかったよ（笑）。

ガンツ　ジャパン女子の場合、最初はバブリーな感じでお金がありましたもんね。
鈴木　あったんですかね？　怪しいですけどね（笑）。
ガンツ　出所を含めて（笑）。
鈴木　でもやっぱり時代的にいい時代だったと思うんですよ。「潰れる、潰れる」って言われていたわりには、金回りがいいというか。あまり外では言えないけど、接待とかで飲み屋とかに連れて行かれて、私たちはお茶しか飲まないんですけど、帰りにチップみたいなのをくれたりとかそういう時代だったので。私もそのときは子どもだったからわからなかったんですけど、いま思うと凄くお金が動く時代だったんじゃないかなって。

「ジャッキーvs神取戦は上層部がゴーサインを出した両者納得の上での試合だったんですよ。『じゃあ、リングで決着をつけよう』っていう」（ガンツ）

玉袋　まあ、みんな若くて世間を知らないからこそやっていけたっていうのもあるんだろうな。
鈴木　そうだと思います。いま思えば凄くハチャメチャな世界だけど、あの頃の私は何も知らないから「そういうものか」って思えましたね。一度、外に出たことがある人だと「それは違う！」っていうのが出てくると思うんですよ。
ガンツ　神取さんが衝突したのは、そこが大きかったと言ってました。ジャッキーさんは女子プロレス特有のルールを押しつけてくるけど、大人になってから入った神取さんは「そんなのおかしいだろ！」ってすべてにおいてぶつかって。
鈴木　ジャッキーさんがやっていた頃の時代と違ったのもあったと思います。どっちが悪いとかではなく。
玉袋　それでギクシャクして、セメントマッチになっちまったわけだろ？　あれはなんとなく「今日、何かありそうだな」っていうのは感じていたんですか？
鈴木　感じてました。
椎名　えっ、マジっスか⁉
鈴木　「なんかおかしいな」っていう雰囲気はありましたね。変な言い方ですけど、あの場所でジャッキーさんと神取さんがシングルマッチをやるのもちょっと変なんですよ。
ガンツ　ビッグマッチじゃなくて、神奈川県の大和車体工業体育館ですもんね。
鈴木　そうなんです。ジャッキーさんと神取さんが試合をするのであれば、その前にリング上でアクションがあって、大きな会場でやるとかであればわかりますけど、突然、地方で組まれたので、何が起こるかはわからなかったですけど、何かやるだろうっていう感じはありました。
玉袋　そのとき、マッチメーカーは誰がやっていたんですか？
鈴木　その頃のマッチメイクって（グラン）浜田さんだったのかな？　もしかしたら会社の人とジャッキーさんと浜田さんな

のか、そのへんはわからないです。
玉袋　浜田さんはパチンコを打ちながら考えていたのかな（笑）。
鈴木　細かい事情は私たちも全然知らないので、どうしてそうなっちゃったのかはわからないんですけど。
玉袋　考えてみれば「伝説のシュートマッチ」って言われてるけど、プロとしてはそんなことをやっちゃいけねえわけだからさ。いま思えばプロ失格ってことでもあるわけだよな。
ガンツ　でも、あれは上層部がゴーサインを出して、両者納得の上での試合だったんですよ。「じゃあ、リングで決着をつけよう」っていう。
鈴木　話し合うとかがあまりなかったかもしれないですね。ギクシャクしたまま試合当日を迎えてしまって。あの試合は観ていて怖かったです。どうすれば終わりなのかもわからないし。セコンドについていて泣いてる子もいたし。どっちが勝ってほしいとかじゃなくて……。
玉袋　もうやめてくれと。
鈴木　いま思えば、違う形でどうにかならなかったのかなと思いますけど。
ガンツ　ジャッキーさんは運営側の人間だったから、負けたあともボコボコの顔にサングラスをかけて、出場を予定していた興行の挨拶にだけは来ていたんですよね。
鈴木　そうなんです。「凄いな」って思いましたね。バスのいちばんうしろの席に座って、一緒に巡業についてきて。でも、どう接していいかわからないですよね。話しかけようにも話しかけられないし。
玉袋　腫れ物だよね。ホントに顔が腫れてるんだから（笑）。
ガンツ　そして神取さんのほうは怖い方々に監禁されていたっていう（笑）。
鈴木　えっ、そうだったんですか!?
玉袋　神取さんにインタビューしたら「監禁された」って言ってたよな。
鈴木　ジャッキーさん側の人に？
ガンツ　ジャパン女子の興行関係の人らしいですけど。
椎名　そうか。エースであるジャッキーの商品価値がなくなっちゃったわけだもんね。
ガンツ　だからその後、神取さんはほとぼりが冷めるまでアメリカで雲隠れしていたという（笑）。
鈴木　たしかに神取さんがいなくなってましたけど、そういうことだったんですね！
ガンツ　選手は事情がわからないから「どこに行っちゃったんだろ？」って（笑）。
椎名　凄い時代だよね（笑）。
ガンツ　ジャッキーvs神取のセメントマッチは、旗揚げの約1年後に行われて、そこからジャパン女子は「いつ潰れるか」って言われるような状態が続くわけですよね。

鈴木　もう社長はしょっちゅう変わるし、何がなんだかわからない。ただ、いつも「潰れる」っていう話はあるんだけど、なんだかんだで潰れていなかったので、やっぱり時代がよかったんだと思います。

『ジャパン女子に入ったときに『どう見ても私がいちばんかわいいでしょ』って思いませんでした？（笑）』（椎名）

玉袋　でもジャパン女子っていう団体は苦しくても、そっからキューティーさんはどんどん人気が出ていったよね。

ガンツ　プロレス雑誌じゃなくて、一般誌にバンバン取り上げられましたよね。

玉袋　「男性ファンを取り込んでるぞ」っていう感覚はあったの？

鈴木　全然なかったです。本当に急に仕事が増えて「なんで？」っていうくらいで。

椎名　でも入ったときに「どう見ても私がいちばんかわいいでしょ」って思いませんでした？（笑）。

鈴木　思うわけないじゃないですか（笑）。

椎名　だってトップは神取さんですよ（笑）。

ガンツ　風間さんは「私がいちばんかわいかった」って言ってましたけどね（笑）。

鈴木　そうですよ。風間さんがいるもん。

ガンツ　風間さんはデビュー直後からセクシーグラビアをやっていましたからね（笑）。

玉袋　でもキューティー鈴木が出てきたときは、世間がざわついたぞ。

鈴木　私自身はまったくそうは思っていなかったんですけど（笑）。

椎名　マンガ誌の表紙にもなりましたよね？

鈴木　そうですね。『ヤングジャンプ』の表紙になりました。

玉袋　凄いよ、ヤンジャンの表紙って！

鈴木　その前に『天才・たけしの元気が出るテレビ!!』にちらっと出させてもらったときに凄い反響があったんですよ。「この子が女子プロレスラー？」みたいな企画があって、島崎俊郎さんが道場に来てくれて。その放送直後から事務所のほうにいろんな問い合わせが来るようになったって聞きました。

玉袋　たぶん俺、そのときに付き人でスタジオにいたよ（笑）。

鈴木　私は全然わからなかったんですけど、ああいう番組に出ると凄いんだなって。

玉袋　そっからヤンジャンの表紙ってデカイ仕事だよ。普通、アイドルだってなかなかヤンジャンの表紙なんか取れないよ。

鈴木　あれは自分でもビックリしましたね。

玉袋　いまでも記念に取ってます？

鈴木　あります、あります（笑）。
玉袋　偉いねー（笑）。だからジャパン女子は「潰れる、潰れる」って言われながら、キューティーさんが稼ぎ頭だったんだろうな。
ガンツ　結局、5年くらい続きましたもんね。
鈴木　なんだかんだでそうでしたね。
ガンツ　そのうち4年間はずっと「潰れる」って言われながら（笑）。
玉袋　2万円だったお給料はちゃんと上がったんですか？
鈴木　いちおう上がってはいますけど、もらってないこともいっぱいあって。出ないときもありましたし。
椎名　そういう場合はどうするんですか？
鈴木　でも試合は行かないといけないので、もらえるあてもなく試合には出てましたね。寮を出てからは本当にお金がなくて、私は親にお金を借りていました（笑）。
玉袋　親不孝だな（笑）。
ガンツ　日々の食費は、グッズを売ってなんとかしのいでいたんですよね？
鈴木　それもありましたね。巡業に行っても「今晩食べるお金もないから、とにかくグッズを売れ」って言われて。半分押し売りみたいな感じですよね（笑）。
ガンツ　マッチ売りの少女みたいな（笑）。
玉袋　でもファンなら買ってくれるもんね。
鈴木　そうですね。でも会場にお客さんがいっぱいの人がいるわけでもないので（笑）。
ガンツ　いまとは客層が違いますしね。いまのアイドルファンみたいな客層なら、選手にいろいろ課金してくれそうですけど。
椎名　たしかに当時、中学生だった俺が観に行ったときもおじいちゃんが多かったもんね（笑）。
鈴木　そうなんです。地方に行くとおじいちゃん、おばあちゃんが多かったですね。
椎名　またうれしそうに観るんですよね。手を叩いて（笑）。
鈴木　そうなんですよ。かわいいんですよー。
玉袋　お祭りが来るみたいなもんだからな。
ガンツ　それでおこづかいをもらうみたいな感じで、おじいちゃんにパンフレットを売って（笑）。
鈴木　なんか申し訳ない気持ちもありながら「どうですか？」みたいな感じで。

「なんで大仁田さんがジャパン女子に来たのかもよくわからなかったんですよ。いきなり道場に来て威張り散らしてるし」（鈴木）

玉袋　芸能活動のギャラはどうだったんですか？
鈴木　いちおう事務所の人に聞いてみたら、「最初はもらえないよ」って言われたんですよ。カレンダーも発売されていたんですけど、「カレンダーのギャラって出ないんですか？」って聞いたら、これも「1年目は出ない」とか言われて。

ガンツ　1年目は出ない（笑）。

鈴木　「あっ、そういうものなのか……」って（笑）。

玉袋　完全に搾取されてるよ～！

椎名　2年目からは出たんですか？

鈴木　ジャパンのときは芸能のギャラっていうのはもらっていないですね。

ガンツ　あんなに芸能の仕事をしまくってたのに（笑）。

玉袋　とんでもねえ、ブラックな会社だよ！（笑）。

椎名　お金はもらえないものの、芸能の仕事が増えて、まわりからの嫉妬とかありませんでした？

鈴木　あったと思います。

玉袋　そりゃあっただろうな。

鈴木　それまでは横並びだったのが、私だけ急に忙しくなったんですよね。試合会場にギリギリに入って、試合が終わったらすぐに次の仕事に行ってたりして、ほかの選手と話をする機会もなかったんです。そうしたら私が試合会場に行っても「コソコソコソ……」みたいな。

玉袋　陰口を言われるわけか。試合でも当たりが強いとかは？

鈴木　わざとかどうかわかりませんけど、髪の毛とかやたら強く引っ張られて「痛いなあ」みたいなのは普通にありましたね。

玉袋　会社の稼ぎ頭なのに妬まれるっていうのはつらいよ。そんな芸能の仕事で、何かおもしろいことだったり印象に残っていることってありましたか？

鈴木　やっぱり海外に行って写真集を撮るのとかは楽しかったですね。

椎名　それは妬まれますね（笑）。

玉袋　撮影はどこに行ったんですか？

鈴木　ハワイも行ったし、グアムにも行ったし、ロスとかも。海外がいちばんゆっくりできましたね。

玉袋　先輩もいないし、チヤホヤもしてくれるし（笑）。

鈴木　そうなんです。食べ物もおいしいし。でもフィリピンのエルニド島というところに初めてビデオを撮りに行ったとき、なぜか大仁田（厚）さんがついて来ちゃって、「なんで来てるんだろう、この人？」って思ったことはありました。

椎名　えっ、なんで大仁田が？

ガンツ　大仁田さんはジャパン女子の営業兼コーチだったんですよね。新間寿さんのコネかなんかで。

鈴木　そもそも私たちは、なんで大仁田さんがジャパン女子に来たのかもよくわからなかったんですよ。たぶん会社からも説明がなかったと思うんですけど、いきなり道場に来て威張り散らしてるし。男子プロレスが好きな人が少なかったので、みんなぶっちゃけ誰なのかもわかっていなかったんですよ。
ガンツ　元プロレスラーということすら知らないという（笑）。
玉袋　大仁田さんがＦＭＷをやる前で、食えていなかった頃だな。
鈴木　だから当時、大仁田さんが一生懸命に熱く語っているけど、誰ひとり聞いてませんでしたから（笑）。
椎名　やっぱり熱く語るんですか（笑）。
鈴木　「さっきからギャーギャーギャー言ってるけど、なんだろう？」って。
椎名　ギャーギャー（笑）。
玉袋　いいね〜！
鈴木　本当はジャパンで、ＦＭＷみたいな男女混合団体をやりたかったのかもしれないんですけど、女子の選手みんなが嫌がったから、大仁田さんは自分で作るしかないっていう形になったのかなって。
ガンツ　ジャパン女子の後楽園で一度だけグラン浜田vs大仁田厚をやっているんですよね。もう総スカンを喰らって（笑）。
鈴木　あれも私たちは知らなかったんです。メインが終わったあとにゴングがカンカンカンって鳴ってるから「なんだろう？」と思ったら、勝手にふたりで試合をしていたんですよね。
ガンツ　それで女子が団結して反発したんですよね。
椎名　「男子は出て行けー！」って（笑）。
玉袋　そりゃそうだよな。ジェンダーの壁がまだあったわけだよな。

「ビデオを撮って5万くらいもらったのかな？『5万円ももらえるんだ。芸能界って凄いな』と思って（笑）」（鈴木）

ガンツ　そんな大仁田さんが、なぜかキューティーさんのビデオ撮りにも来ちゃっていたという。
鈴木　当時の（ジャパン女子の）社長が、大仁田さんのことを凄く気に入ってたんですよ。それで「コイツは英語がしゃべれるから、一緒に行けば困らないから」って言われて、「べつに私は大仁田さんがいなくても、スタッフの人たちがいれば何も困らないです」って言ったんですけど、なんか大仁田さんがついてきたんですよね。それで現地に行ったら凄い浮かれてて。
ガンツ　それもまた腹立たしい（笑）。
鈴木　凄く楽しそうにいろんなスタッフとしゃべっていて。そのとき、私以外にもうひとりタレントさんがいて、その方は全部脱ぐ撮影だったんですよ。
玉袋　誰だったんだろうな？
鈴木　秋元ともみさんかな。
玉袋　宇宙企画だ！
椎名　かわいかったですよねー。
玉袋　アダルトビデオ創世期のスーパースターだよ。
鈴木　凄く綺麗な人で、大仁田さんはその人のほうにばっかり行ってましたけどね（笑）。

玉袋　どこの制作だったんろうな？

鈴木　なんだっけな、村西……。

玉袋　あっ、パワースポーツだ。村西とおる監督のところだよ。そこにはのちのイエローキャブの野田義治社長もいたんだよ。あの頃のパワースポーツはいろいろ撮ってるよね。飯島直子さんや蓮舫だとかさ。

鈴木　コンビニとかで安く売っていましたよね。

ガンツ　セルビデオの安いやつですよね。

玉袋　その走りだったよ。そっか、そこに村西会長が出てくるとは思わなかった。

鈴木　村西さんも凄くやさしい人で、私は聞いちゃいけないないと思ったんですけど、マネージャーさんとギャラの話をしてて。「あっ、これはお金が出るんじゃん」って思ったんですけど、事務所の人に聞いたら「最初は凄い安いんだよ」みたいな感じで、それでも5万くらいもらったのかな？　なので「こういうビデオって5万円ももらえるんだ」と思って。

玉袋　相当抜かれてるよ、それ（笑）。

鈴木　私はそんなの知らないから「芸能界って凄いな」って思っていたんですよ（笑）。そういう仕事をほかに誰もしていなかったので。

玉袋　その後、ジャパン女子はいつまで続いたんですか？

鈴木　1992年の1月だったと思うんですけど。ずっと「潰れる、潰れる」って言われながら潰れなかったのが、ある日、「今度は本当らしいよ」って言われて。試合が終わったあと5、6人の記者に囲まれて「これからどうするんですか？」みたいなことを聞かれたので、「本当にこれが最後なんだな」って実感した感じですね。

玉袋　じゃあ、そうなってから身の振り方を考え始めたんだ。

鈴木　私はジャパンが終わった時点で「もうプロレスはできない」と思っていたので、親にどうしようか相談したんですよ。そうしたら「高校を卒業していないから、とりあえず卒業するために通信に行け」って言われて「ちょっと考えておくわ」みたいな。それで事務所の社長さんにそのことを言ったら、「まだ2カ月先に芸能の仕事が残っているから、とりあえずそれが終わるまでは『プロレスをやりません』とか言わずに濁しておけ」って言われたので。

椎名　芸能事務所っていうのは、キューティーさんだけが入っていたんですか？

鈴木　いや、プロレスの事務所だけですね。

ガンツ　ジャパン女子に芸能の仕事が入っていたんですよね。

玉袋　ボンドもその頃は撤退しているの？

鈴木　はい。なので、歌を出すときはCSアーティスツっていうところと、六本木オフィスっていうところが凄く力を入れてくれて。

玉袋　グラビアだけじゃなくて、歌手デビューもしてるのが凄いよ。
鈴木　ＣＤが売れる時代だったので、プロレス好きな人が遊び半分で出してくれたのかもしれないですけど（笑）。
ガンツ　ただＣＤデビューしただけじゃなく、シングルを３枚くらい出しているんですよね。
鈴木　そのくらい出しているかもしれないですね（笑）。
玉袋　どれくらい売れたんだろうな？
鈴木　大して売れていないですよ（笑）。でも歌番組にも何回か出させてもらいまして、永井美奈子さんがやっている番組に出たときは、まわりは歌手ばっかりなので、あまりにも緊張しすぎて終わったあと全然憶えていなかったんですよ。私は凄くマッチ（近藤真彦）のファンで、マッチも出ていたので（笑）。

「時が経てば話せることもあるんだろうけどね。俺も団体を割ってるから早く時が経たねえかなと思ってるもん（笑）」（玉袋）

玉袋　ジャパン女子時代最後の芸能の仕事が終わったあとは、どうしたんですか？
鈴木　解散した次の週に、全員が事務所に呼ばれて「これからどうするか」っていうミーティングがあったんですよ。それで「会社は潰れたけど、グッズのお金がけっこう残ってるからそれを資金に新しく団体を作ろうと思う」っていう話をしてもらって。そこで残る人と残らない人で、結局ＪＷＰとＬＬＰＷに分かれたんです。
椎名　残るっていうのは自分の意志で？
鈴木　そうですね。それで「やりたい人？」って手を挙げたのが残った人たちで、ほかの人たちは「プロレスはもうやらない」と言っていた人たちでしたね。

ガンツ　風間さんたちは、また違ったことを言ったりしているんですけどね。
鈴木　私も向こうの詳しいことはよくわからないんですけど、ＬＬＰＷが旗揚げしたときは「えっ、やらないって言ってなかったっけ？」みたいな（笑）。向こうは向こうで言い分があるのかもしれないですけどね。
ガンツ　そうやって袂を分かつことになったので、ＪＷＰとＬＬＰＷは凄くアンタッチャブルな感じになって。対抗戦時代にあっても、そこの対決だけは何年も組まれなかったんですよね。
玉袋　あっ、ＪＷＰ対ＬＬＰＷはなかったんだ。そんなしこ

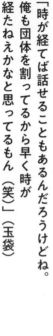

りが残っていたんだね。
鈴木 残っていましたね。もともと同じ団体なので、分かれたあとも行っていた飲み屋が一緒なので、ほかの子がたまたま会ったみたいで。「なんでやめるって言ってたのにやってるんだ、って聞いてやったよ。でも答えなかった、アイツ」みたいなことを言っていましたけどね（笑）。
玉袋 残ったのはキューティーさん以外に誰だっけ？
鈴木 尾崎、プラム、（ダイナマイト）関西、ボリショイ（キッド）、福岡（晶）とかですね。
玉袋 そうだ、福岡さんもいたな。で、イーグル沢井さんとかはLLに行ったんだもんな。
鈴木 そうですね。それで何年か経ったあとに「本当はどうだったの？」って聞いたら、「私、本当にやる気なかったのー」って言っていて「まだ言ってるのかよ！」って思ったけど（笑）。
椎名 沢井さんはそんなかわいい声なんですか（笑）。
鈴木 ベロベロに飲ませて聞いてやろうかと思ったけど（笑）。
玉袋 まあね、時が経てば話せることもあるんだろうけど。俺も早く時が経たねえかなと思ってるもん。俺も団体を割ってるからね（笑）。で、JWPになってから、さらに露出が増えたんじゃないかと思うんだけど。ちょうど写真集ブームに入ったんですよ。
鈴木 JWPになってから、ちょうど写真集ブームに入ったんですよ。
椎名 写真集は14冊出しているんですよね？
鈴木 そうですね。そのくらい出ていると思います。
玉袋 凄いよな。そして写真集の金字塔と言われた、尾崎さんとの『赤い糸』が出るわけか。
鈴木 そんなふうに言ってくれるのはありがたいんですけど、本人的にはそんな深い意味がないというか。
玉袋 あっ、そう？ あれは衝撃的だったよ。
鈴木 私も尾崎も一緒に行ったんですけど、別々のグラビアを撮る感じで行っていて「ちょっと一緒に撮ってみる？」みたいな感じだったんです。
玉袋 ところが、思いっきりふたりが絡んだ衝撃的なものになっていてね。写真集から淫靡なものが出ていたからさ。
鈴木 ふたりだったので楽しかったですけどね。
玉袋 そのとき、尾崎さんの脇には堺屋太一先生がいたわけでしょ？（笑）。堺屋先生はどこらへんから尾崎さんにコミットしていったのか気になるんだよな。

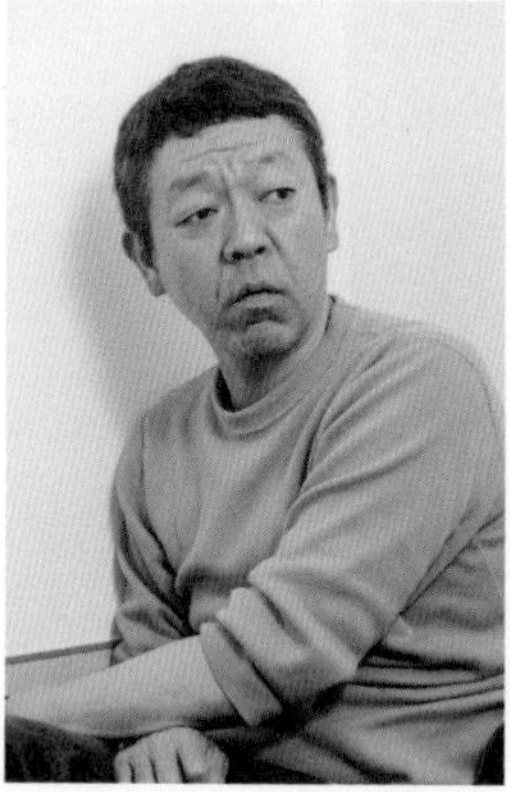

鈴木　もうジャパンのときからですね。最初はいちファンとして来ていたんだと思うんですよ。それをウチの事務所の誰かが声をかけてから、いろいろとやってくださるようになって。「かわいらしいおじいちゃんだな」っていう感じはありましたけど。

玉袋　そこからずっと尾崎一筋だもんな。その熱の入れっぷりは伝わってきたよ。

ガンツ　ＪＷＰのスポンサーとかは堺屋先生がつけてくれたんですよね。ダイコク電機とか。

鈴木　そうですね。

玉袋　そうだろうな。だってホテルで会費を取ってパーティーができちゃうくらいの人だよ。

ガンツ　その流れで尾崎さんのラジオ番組も始まって。なぜかターザン山本とふたりでやっていたっていう（笑）。

玉袋　だいたい、尾崎さんの本のゴーストライターもあの堺屋先生がやってるしさ。凄いんだよ。

鈴木　尾崎の本が出たとき、堺屋先生は「尾崎さんは文才がありますね」って言ってて（笑）。

玉袋　自作自演！（笑）。

椎名　底が丸見えの底なし沼だね（笑）。

鈴木　でも尾崎は先生のおかげで一部では凄く有名な人になれたし、尾崎がフリーになってからも応援してくれていたので凄く感謝していると思います。

「井上京子選手は凄いなって思いました。すべてを受け止めて、その分こっちもいくよ、みたいな感じで凄く好きでしたね」（鈴木）

ガンツ　堺屋先生なくして、ＯＺアカデミーもなかったでしょうからね。

玉袋　ＪＷＰになってから、女子プロレスラーの写真集ブームがあったけど、部数でいえばキューティーさんがいちばん売れたんじゃないの？

鈴木　いやいや。どうなんでしょう？

玉袋　だって全女の人たちも写真集を出していたけど、キューティー鈴木には勝てねえだろ。

ガンツ　写真集だと、井上貴子さんのエスカレートぶりっていうのもありましたけどね（笑）。

玉袋　まあ、井上貴子ちゃんは自分でもプロデュースできる人だからさ。そういった世界にもいた人なのでわかっているからね。

鈴木　自分のことが凄い好きですもんね。アピールの仕方も上手でしたし。

椎名　キューティーさんは、写真集で「そこまで露出するつもりはなかったけど、なかなか断れなくて」みたいなことも言われてましたよね？

鈴木　そうですね。なんとなく「今回は雰囲気が違くない？」っていうのを感じるんですよ。

玉袋　それで断れないような状況を作っちゃうわけだ。

鈴木　いつもだったら見えてたら、「見えてるよ」って言って直しに来てくれるのに。「あっ、今回はないんだ……」みたいな（笑）。

椎名　そうやって、だんだんフェードインしていくわけですね（笑）。

玉袋　見えちゃってていても抵抗はなかったんですか？

鈴木　いやいやいや、抵抗はあります。そのつもりではなかったし。私は写真チェックとかもしたことがなかったんですけど、そのときだけは「一度見てみて、嫌だったら出さなくていいよ」って言われていたんですよ。そうしたら「じゃあ、こっちを出さない代わりにこっちはいい？」みたいな駆け引きが凄かったんですよ（笑）。

ガンツ　どっちも見えてるじゃねえかっていう（笑）。

玉袋　結局、どっちを選んでも露出していることには変わりねえっていうね。

鈴木　「そういう問題じゃないんだよな……」って思いながらも、お互いの駆け引きで、最後は「出しちゃったな……」みたいな（笑）。

玉袋　当時付き合っていたコレ（彼氏）からは文句はなかったんですか？

鈴木　基本的にそういうのにあまり興味がないんですよ。だから何も言ってはいなかったですけど、「出すのはやめたほうがいいんじゃない？」みたいなことは言われましたね。

玉袋　また俺もなにげなく「当時付き合ってたコレ」とか言ってて、それにスッと乗っかってくるキューティーさんも好きだよ（笑）。

ガンツ　その頃はもう十分オトナですからね。ＪＷＰになってからはアイドル担当は後輩の福岡さんとか、キャンディー奥津さんに移る感じで。

椎名　そっか、キャンディー奥津がいたね。

玉袋　またキャンディーマニアっていうのがいるんだよ。

鈴木　あの童顔がいいんですかね。

玉袋　あの丸みがいいんだよ、きっと。

鈴木　幼い感じがして、かわいいですよね。

ガンツ　そういうのがあったので、キューティーさんはオトナ化路線で大丈夫だったっていう。

玉袋　そっからプロレスのほうは対抗戦時代に入って行って、実際に全女の選手と肌を合わせてみてどうでしたか？

鈴木　私は対抗戦をそんなにやっていたほうじゃないんですけど、井上京子選手とタッグで当たったときは「この人、凄いな！」って思いました。すべてを受け止めて、その分こっちもいくよ、みたいな感じで。私は凄く好きでしたね。

玉袋　京子ちゃんの魅力っていうのはそういうところだからね。でも、中には他団体とやって不愉快な思いをしている人もいませんでした？

鈴木　若い子たちはあまりやりたいっていう気持ちはなかったと思いますね。まだ自分のプロレスっていうのがちゃんとできていないときに、ほかの団体とやると戸惑うんですよ。ＪＷＰは山本小鉄さんが教えてくれた男子プロレスから始まってるので、全女とは組み方ひとつから違っていて。そういう意味では全然噛み合わない試合になってしまう可能性もあるっていう。

玉袋　じゃあ、ＪＷＰが全女のほうに行ったときは、あっちに合わせてやってたの？

鈴木　リングに上がった瞬間に「どっちが折れるか」みたいな感じはありましたね。

「ジャパン女子でいろいろあったキューティーさんがいまはお母さんになってさ、いい話だ」（玉袋）

ガンツ　でもキューティーさんは対抗戦時代になってから、プロレスラーとしての評価が上がったんですよね。弱いアイドルレスラーのイメージだったのに、じつは凄く打たれ強くて。全女のキツイ攻撃を食らっても大丈夫っていう。

玉袋　あとは気の強さを出したりとかね。そこがまたさ、「キューティー、いいねー！」なんてね（笑）。

ガンツ　「あれ？　弱いんじゃなかったの⁉」みたいな。

玉袋　観るほうはキューティーさんがすぐやられちゃうと思っていたから、そこの意外性でまたファンの心を打ったわけだよ。

椎名　尾崎さんは、キューティーさんはケガしないのが凄いって言ってました。

鈴木　ケガはあまりしなかったですね。

椎名　その小ささでよくケガをしませんでしたよね。

鈴木　アザとかはできやすい体質なんですけど、不思議とケガはなくて丈夫だったんですよ（笑）。

ガンツ　それもあって、キューティーさんは若手時代は大変でしたけど、ちゃんとプロレスラーとしてもしっかり大成してよかったですよね。

鈴木　大成したかどうかはわからないですけど、自分では精一杯やった満足感はありますね。

玉袋　引退は何歳のときにしたんですか？

鈴木　29歳です。30代で「キューティー」はちょっと恥ずかしかったんで（笑）。

椎名　そうなんですか（笑）。プロレスはやりきった感はあったんですか？

鈴木　やりきりましたね。あとは後輩たちが凄く伸びてきた時期でもあったので、ここは上がいなくなればもっと伸びるだろうと思ったし。私の中ではやりきった感があったので、スッキリした気持ちで引退できました。

玉袋　現在はどんな感じなんですか？

鈴木　いまは普通の主婦です。子どもはどっちも男で、上は中3、下が小学4年生で。

玉袋　お子さんにはスポーツや格闘技はやらせているんですか？

鈴木　サッカーをやってますね。で、主人が付き合いで西口プロレスとかを観に行くみたいで、そのときはよく下の子を連れて行くんですよ。だから下の子はプロレスを楽しそうに観ているみたいです。それで上のお兄ちゃんは、もっと小さい頃にYouTubeで私の試合を観ちゃったみたいで「ママ、弱い……」って言って泣いていたんですよ。それから上の子はあまりプロレスは観なくなっちゃいましたね（笑）。

玉袋　ママ友会とかあるじゃないですか？　そういったところでキューティーさんってどう見られてるんですか？

鈴木　やっぱり上のお兄ちゃんの代は、年齢が近いせいか私のことを知っている人が多かったですね。でも普通に接してくれていますし、仕事があったときは子どもを見てくれたりして凄く助かりました。それで下の子のときは世代的に私のことを全然知らないので、逆にラクといえばラクですね。

玉袋　なんか映画になりそうだよな。いまは専業主婦だけど、昔はプロレスラーだったみたいなさ。学校でトラブルがあったりしたときに、買い物袋をぶら下げてる冴えないお母さんが急に立ち上がって（笑）。

椎名　パッと脱いだらコスチュームを着ていて（笑）。

ガンツ　Netflixで独占配信しましょう（笑）。

椎名　クドカン脚本でやればいいよね（笑）。

玉袋　やっぱり女子プロレスの世界っていうのは、ドラマがあるんだよ。儚さもあるし、独特な女だけの世界っていういのもあるし。

鈴木　やっぱり独特だと思います。私は16歳で入ったので、プロレスの世界しか知らなかったから、引退して一歩外に出たら何もかもが新鮮なんですよね。

玉袋　少年院から出てきた人みたいだな（笑）。

鈴木　現役の頃は友達もプロレスラーばかりで、普通のお仕事をしている友達がいなかったので、引退してからそういう友達と話していても凄く勉強になるというか「自分は無知なんだな」って痛感して。よく「ホントにバカなんだね」って言われるので（笑）。

玉袋　結局、高校を通信でっていうのはどうなったんですか？

鈴木　行ってないです（笑）。いま思えば行っておけばよかっ

たなって。

玉袋　いやいや、そんなことないですよ。学校では教えてくれないことをいちばん学んだわけだからさ。

鈴木　でも長男が「大学に行きたい」っていう話になって、「ママ、大学ってどうやったら行けるの?」って聞かれたので「まず勉強をして、高校を卒業してから行くんだよ」って言ったら、「ママは行ったことがないんだよね?」って言われて「ヤバい」と思いましたね。高校もまともに卒業していないのに（笑）。

ガンツ　高校1年で中退ですもんね（笑）。

鈴木　だから「ママはプロレスをやって凄い幸せだったけど、やっぱり学歴は最低限あったほうがいいから、ちゃんと高校は卒業して、できれば大学まで行ってほしいな」っていう話をしたんですけど、「へぇー」みたいなあまり実感がないみたいで。どうなんでしょうね（笑）。

玉袋　いい話だよー。なんか話が所帯じみてきて、年相応の話になってきてな。ジャパン女子でいろいろあったキューティーさんがお母さんになってさ、いい話だ。ホッとしたよ。よかった！

自己投影観戦記

できれば強くなりたかった

第110回 ジム&アンディ

椎名基樹

椎名基樹(しいな・もとき)1968年4月11日生まれ。放送作家。コラムニスト。

底が丸見えの底なし沼。

ご存知、活字プロレスの創始者・井上義啓編集長のプロレスの定義である。虚実が入り混じるプロレスの存在性や、そのバイタリティーの根源を的確に言い表している。

Netflixのオリジナルドキュメント『ジム&アンディ』を観た。アメリカの伝説的なコメディアン、アンディ・カウフマンの伝記映画『Man On The Moon』のバックステージを密着撮影したドキュメンタリー作品である。『Man On The Moon』は1999年の作品であり、ジム・キャリーが主演を務めた。『ジム&アンディ』は2017年にNetflixで発表された。

このドキュメンタリー作品は、まさに「底が丸見えの底なし沼」という言葉がぴったりであった。ジム(虚)とアンディ(実)が入り混じり見分けがつかなくなる。アンディ・カウフマンとジム・キャリーは、まるで双子のような俳優だ。ジム・キャリーもカウフマンと同じく、少年時代は壁や木を相手に一人芝居ばかりしていたという。ふたりともまるで憑依したかのように、演じるキャラクターになりきってしまう。

アンディ・カウフマンは非常にパンクなコメディアンだった。伝統的なスタンダップコメディーを嫌い、観客の意表を突いた、ケレン味溢れる出し物を得意としていた。常に何者かを演じていて、それが本人なのか本当におかしな人なのか、見るものを混乱させた。

そんなアンディ・カウフマンはプロレスと非常に親和性が高かった。彼のキャリアの中でもっとも語り草になっている「作品」が、プロレスラー、ジェリー・ローラーとのからみだ。

カウフマンは、テレビ番組の中で「World Inter-gender Wrestling Champion(プロレス無性別王者)」を名乗り、自分を倒せたら賞金を支払うと言って、女性とのみプロレスの試合をおこなった。そして試合数は400戦にのぼった。「女性というのはじつに素晴らしい! 掃除はウマいし、じゃがいもの皮だって上手にむける」などと女性蔑視な言葉で挑発し、会場をヒートアップさせた。カウフマンに対する世間の怒りのほとんどは本気であり、周囲の者もなぜ彼がそこまでして嫌われ役に徹してプロレスを続けるのか理解に苦しんだという。

あるとき、プロレスの本場〝メンノイス〟での撮影で、南部の帝王ジェリー・ローラーが「プロレスを汚すな」とカウフマンに食ってかかった。それに対してカウフマンは、ジェリー・ローラーを「南部の田舎者」とおちょくり続ける。怒ったローラーは「禁止技」のパイルドライバーをカウフマンに見舞う。カウフマンは救急車で運ばれ、病院に入院する羽目になる。

後日、テレビ番組にふたりは揃って出演する。カウフマンは首に大きなコルセットをしている。番組中、カウフマンはローラーをなじり続ける。怒ったローラーはカウフマンを張り手で吹っ飛ばす。カウフマンは怒り狂い、4文字言葉の放送禁止用語を連発して、最後はローラーにカップに入ったコーヒーを浴びせ逃走する。

ここまでの一連の事件はすべてシナリオ通りだった。しかし、カウフマンの死後15年間種明かしはされなかった。カウフマンはこの一件でひんしゅくを買い、非常に人気を落とした。しかし、それよりも彼は世間を煽りたかったのだ。

カウフマンは、世界は幻想でできていて、シリアスに考えることは何もないと世間に示したかった。カウフマンは35歳で肺がんによって亡くなった。そのときも、世間はカウフマンの冗談だと思い、なかなか信じなかった。

ドキュメンタリーの『ジム&アンディ』には、ジム・キャリーの鬼気迫る役への没入ぶりが映し出されている。ジム・キャリーはバックステージでジェリーローラーをからかいまくり、煽り続ける。ついにはジェリー・ローラは本気でキレて、ジム・キャリーを追いかけ回す。これは間違いなくシナリオの外だ。

アンディー・カウフマンの作り出したキャラクターに、トニー・クリフトがある。恐ろしく横柄で下品なラウンジ歌手である。このメイクを施すとジム・キャリーの人格は完全に凶暴になり、スタッフたちは本当に恐れて、休憩時間ならば近づきもせず逃げ出す。

アンディー・カウフマンの本当の父親や母親、妹らが撮影所に遊びに来て、両親は息子に語りかけるようにジム・キャリーに接し、妹は彼の胸の中で涙を流す。倒錯した世界が繰り広げられる。

劇中で父親役を務めた俳優が、突然ジム・キャリーの楽屋に押しかけ、彼に激しく説教を始めた。「おまえのことが心配なんだ!」と父親役の俳優が言うと、ジム・キャリーは「もう手遅れなんだ!」と怒鳴り返す。みんな妙なテンションに陥り、底が丸見えの底なし沼にはまり込んでいる。ハリウッドの俳優たちがである。狂ってる。

『ジム&アンディ』は、バックステージを撮影した映像と、２０１７年現在のジム・キャリーのインタビューとで構成されている。長くうつ病を患っていたというジム・キャリーの目は非常に暗い。「もう野心は何もないんだ。ほしいものをすべて手に入れたとき、気がついたらとっても不幸だったんだ。いまはただ消えてしまいたい」と語る。

あのテンションを意識的に心に強いてきたら、精神が病むのも当然のように思える。しかし、虚実が混じりきった「本物の虚構の世界」をクリエイトするのは、それほど人間をのめり込ませる魔力があるのだと思う。

鈴木裕之

[リデットエンターテインメント代表取締役]

収録日：2021 年 4 月 5 日
撮影：タイコウクニヨシ　試合写真：© GLEAT
聞き手：堀江ガンツ

ＵＷＦ？ど真ん中？
謎多き新団体・
ＧＬＥＡＴとはなんなのか？

「ちゃんと戦略を持っていないと
ノアさんを預かったり、新団体を
旗揚げしたりはできないですよ（笑）。
ＧＬＥＡＴの大義としては
〝プロレス最強論の復権〟ですが、
個人的には〝打倒・高木&武田〟で
がんばっていきます!!」

［2分でわかるGLEATのここまで］

2020年8月20日、リデットエンターテインメントが新たなプロレス団体「GLEAT」旗揚げを発表。エグゼクティブディレクターに田村潔司、CTO（最高技術責任者）にはカズ・ハヤシ、CSO（最高戦略責任者）にNOSAWA論外、オブザーバーには長州力がそれぞれ就任。また所属選手としてWRESTLE－1に所属していた伊藤貴則と渡辺壮馬（ペガソ・イルミナル改め）の2名を発表した。GLEATは「GREAT」にリデットエンターテインメントの頭文字である「L」を掛け合わせた造語である。

設立発表と同時に公開された公式YouTubeチャンネルにて『GLEAT実験マッチ（道場での試合）』などを定期的に配信（旗揚げ戦『GLEAT ver.0』も公開）。

2020年10月15日、後楽園ホールにおいて旗揚げ戦『GLEAT ver.0』を開催。試合の一部はUWFルールにて行われた。またビジョンにて松井大二郎の入団が発表される。

2021年1月1日付でHEAT－UP！から飯塚優が円満移籍。3月1日付で田中稔が入団して選手兼UWFルール・テクニカルオフィサーに就任。3月12日、#STRONGHEARTSの自主興行にてCIMA、T－Hawk、エル・リンダマン、鬼塚一聖がGLEAT入団を発表。3月17日、大日本プロレスの河上隆一が4月1日付で金銭トレードによる移籍を発表。

5月26日、『GLEAT PROWRESTLING ver.0』新宿FACE大会を開催予定。

6月9日、『LIDET UWF ver.0』新宿FACE大会を開催予定。

7月1日、旗揚げ戦『GLEAT ver.1』TDCホール大会を開催予定。

やっぱりちょっとわかりづらいと思うので、いますぐ鈴木代表のインタビューを読もう！

「長州力さんにウチの顧問に入ってもらって、想像以上の効果をもたらせてくれていたんですよ」

鈴木　いやあ、今日は来ていただいてうれしいですよ。『KAMINOGE』に出るのが夢だったんで。

——えっ！　そうなんですか!?（笑）。

鈴木　ずっと読んでいましたから。以前、武田（有弘＝プロレスリング・ノア前社長）さんも出ていたので「いいなあ」って思っていたんですよ（笑）。

——そうだったんですね（笑）。ボクらもGLEATはかなり気になっていたんですよ。

鈴木　ありがとうございます。

——それで昨年10月15日に後楽園ホールで行われたプレ旗揚

げ戦前に、ＧＬＥＡＴのエグゼクティブディレクターである田村潔司さんにもインタビューさせていただいたんですけど、そのときはいまいち全貌がよくわからなかったんで（笑）。今日はリデットエンターテインメント社の鈴木社長に、ＧＬＥＡＴとはなんなのか、そしてどんなビジョンがあるのかをうかがえたらと思っております。

鈴木　よろしくお願いします。

――まず、リデットエンターテインメント社はノアの前親会社だったことでファンにも知られていますけど、もともとプロレスに関わるきっかけはなんだったんですか？

鈴木　もともとボクがプロレス好きで、「プロレスに育てられた」っていう思いがあったので、２００７年から社員を何度かプロレス会場に連れて行ったりしていたんですよ。そこで得るものも多いだろうなと思って。そうしたらウチの専務が、プロレスのクライアントがいれば私がよろこぶだろうと考えて、いきなりテレアポで新日本プロレスさんに連絡して。そのとき、対応してくれたのが武田さんだったんです。

――武田さんが一時期、新日本に戻っていたときだったんですね。

鈴木　そうなんです。ただ当時、新日本さんもちょうどいちばん苦しい時期だったので、「何もお願いできることはないかもしれないけど、一度来てみますか？」と言われて。それで行ったところ、少しずつお仕事をいただけるようになって。新日本さんも新陳代謝が急速に進んで、棚橋（弘至）選手と中邑（真輔）選手のエース体制に進みつつ、永田（裕志）さんたちが若手たちの壁になってバランスが取れていたときだったので、会社的にも新日本さんを応援するということになった。そこからなんですよね。

――やはり鈴木社長がプロレスファンで、そこから仕事として関わり始めたんですね。

鈴木　私はずっとプロレスファンでしたから。

――いま、おいくつなんですか？

鈴木　今年６月で51歳になります。

――やはり初代タイガーマスク直撃世代だろうなと思いました（笑）。

鈴木　この世代は本当に多いんですよ（笑）。だからボクもいい環境でプロレス関連のお仕事をさせてもらっているなって思うのは、田村潔司さんや高木三四郎さんがボクのひとつ上で、武田さんがひとつ下だったりとか。ちょうど同世代である１９７０年前後に生まれた人々がプロレス界を動かしているんですよね。

――同世代だから話も進めやすかったりするわけですね。最初、新日本とは広告でのお付き合いだったんですか？

鈴木　そうですね。あとはイオンさんなどのイベントのご提案

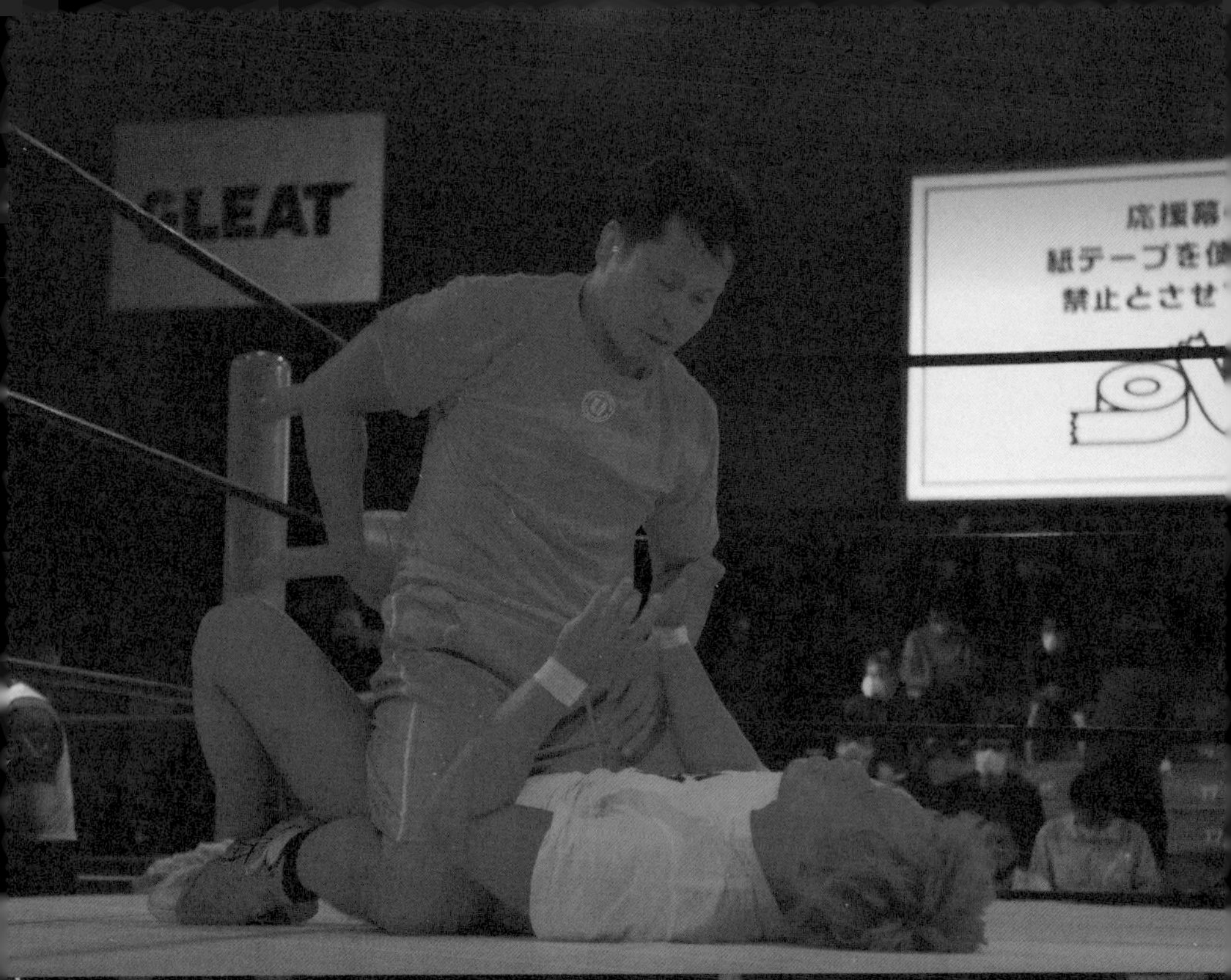
GLEAT
応援幕
紙テープを使
禁止とさせ

と運営や、ポスターデザインなどですね。

――そこから興行の世界に進出するのは、どういった経緯があったんですか？

鈴木　その前に長州力さんにウチの顧問に入ってもらったんですよ。

――リデットは長州さんの『ＰＯＷＥＲ ＨＡＬＬ』という興行も主催されていましたけど、その前から顧問だったと。

鈴木　そうなんです。もともと長州さんにはプロレスをやってもらう考えはあまりなくて。ウチはプロレス好きのクライアントさんが非常に多かったので、その方々への営業フォローや、新規活動であれば〝決めの一手〟であったりとか。長いこと取り引きをされているクライアント様に対してご挨拶、お食事会とか、そういうところを長州さんにお願いして、それがうまくいっていたんですよね。

――なるほど。「営業の切り札」的存在だったんですね（笑）。

鈴木　なので、「長州力って何をやってカネをもらってるの？」みたいなネットの書き込みもよく目にしたんですけど、想像以上の効果をウチにもたらしてくれていたんですよ。経営とか広告をやられている方でプロレス好きって本当に多くて、一流の大手企業さんでも幹部の方がじつはプロレスが好きで「隠していて、いままで言えなかったんですけど」みたいな話もあるんで（笑）。やっぱりそういったところで大きな効果を出してもらったというのはありますね。

「ノアの運営母体になったときもGLEATを始めたときも、5ちゃんねるのすべてが栄養でした」

――いまの企業で決定権のある世代は、ゴールデンタイムでプロレスを観ていた世代ですもんね。その流れで興行もやりましょうということになったんですか？

鈴木　それは武田さんの存在が大きいんです。ちょうどブシロードさんの体制になって、武田さんが新日本さんをお辞めになられて。その後、武田さんとお会いしたときに「プロレスで一生食べていく気なの？」っていう話をしたら、「そのつもりです」ということだったので「それであればウチでやってくださいよ」という話になったんです。なので武田さんが入ってくれたというのがウチがプロレス興行を始めたいちばんの要因ですね。

――プロレスビジネスのプロが加わったことで、プロレスを事業化することになったと。

鈴木　興行以外にも、当初は武田さんを通じてＳＡＮＡＤＡ選手のマネージメントに1年間関わらせていただいて、最後はいい形で新日本さんに送り出すことができたりもしたんですよ。

――ＳＡＮＡＤＡ選手がＷＲＥＳＴＬＥ－1を離れたあと、新日本に入るまではリデット所属選手だったんですね。

鈴木　そうなんです。意外とウチは〝野村再生工場〟的なところがあって。長州さんしかり、SANADA選手しかり、武田さんしかり、プロレス界で凄く力があり貢献してきたけれど、ちょっと中心から距離を置いていた人に入ってもらって。その人たちの活躍の場を作るとともに、我々も名前を前に出していくという、バランスがうまく取れたんじゃないかと思います。

——もともと力がある人たちに、その力を振るうきっかけを作ったと。そして興行を最初に手掛けたのは、東京愚連隊の大会だったんですよね？

鈴木　はい。ここはNOSAWA（論外）さんと一緒に。

——NOSAWAさんとはどんな関係だったんですか？

鈴木　ボクが「興行をやりたい」と言い出したあと、武田さんから「それであれば、まずここからやってみましょうか」と紹介していただいたのがNOSAWAさんだったんです。NOSAWAさんは興行に関してはブッキングから何から全部ご自身でできるんですけど、ちょうど年1回の大きな大会で海外からビッグネームを呼びたいという考えを持っていて。ただ、コスト的にもしかしたらオーバーしてしまうかもしれないので、そのリスクを取れるパートナー企業を探していたんですね。そこで我々とタイミングがうまく合って、お仕事をさせていただく機会になったんです。

——東京愚連隊がミル・マスカラスやテリー・ファンクといった大物を定期的に呼べた背景には、リデットの存在があったんですね。

鈴木　いえ、じつは私たちの関わった大会では、テリー・ファンク、X－PACに土壇場でキャンセルを食らったりしたんですよ……。

——あっ、あのときの大会ですね（笑）。

鈴木　でも、そこでNOSAWAさんとも非常にいい関係を構築させてもらったという感じですね。

——その後、いろんな興行をやられているんですよね。AAAの日本大会とか。

鈴木　やっぱり武田さんがいるので、こっちが求めればいろんな話が入ってくるんですよ。なので単発興行をやったあと、AAAのような海外からの招致興行をやって、その後、DDTさんでDNAという若手興行をやって。この流れから『POWER HALL』から長州力引退興行、そこからノアさんに入っていくという感じですね。

——ノアの親会社になる前から、じつはプロレス界で興行の実績を積んできていたんですね。

鈴木　だから最初はノアさんのオーナーになったときも、それまでの経緯を知らない人からは「好きものがまたやってきた」みたいな感じに受け取られていたと思うんですけど（笑）。

――プロレス好きの社長が団体をやって、きっとまた痛い目に遭うぞ、みたいな（笑）。

鈴木　そうそう。「いいように刈り取られて終わりだろう」って思われているだろうなって（笑）。でも本当は段階を踏んでステップアップして、ビジネス化できるというタイミングでノアさんに関わらせていただいたんですよ。相当厳しいとは思っていましたけど、十分に勝機はあると。

――古くはSWSやWJをはじめ、プロレス好きの社長が団体を持って失敗した例はいくつもありましたから「また教訓を学んでいない人が来た」と思った人も正直いたでしょうけど、鈴木社長はそう思われていることは重々承知の上だったんですね（笑）。

鈴木　はい。ボクは5ちゃんねるを毎日見てますから（笑）。

――そうなんですか！（笑）。

鈴木　みんなは「見るのをやめたほうがいい」って言うんですけど、私にとってはすべてが栄養でした。ノアの運営母体になったときも、GLEATを始めたときもボロクソに書かれましたけど、「これをどう逆転させるか」っていう考えになれましたから。逆に言うと、マイナスから見ておいてもらったほうがプラスに転じるだけなので。やっているほうからしたら、ありがたいとも思いましたね。

――実際、一歩一歩着実に興行を成功させた上で、団体を持つという段階を踏んでいますもんね。

鈴木　はい。レイ・ミステリオが呼べたり、節目節目で記念的なものもやらせていただいたりもして。最終的に長州力を送り出したのもウチの会社になりますし。ありがたいことに、いい流れでここまで来させていただいてるんですよ。

「当時、ノアを子会社化したらウチと友好関係にあった銀行さんが一斉に引きましたから（笑）」

――長州さんの『POWER HALL』は、興行的にかなりよかったんじゃないですか？

鈴木　全部単発でしたけど、すべて黒字でいい興行でした。引退試合は映画館でライブビューイングもやりまして、これは武田さんが本当によくがんばってくれたんですけど、おそらく後楽園大会史上最高の利益を出したんじゃないかっていうくらいでしたね。

――チケット代も後楽園としては高額でしたしね。

鈴木　いちばん高い席を5万円に設定したとき、みんなも最初は「えっ!?」となったんですけど、私の感覚としては「いや、これはたぶんいけるよ」っていう話をして、即日完売になりましたし。グッズやライブビューイングも含めて相当な利益が出ましたから。

――大会場ではなく、あえて後楽園にしたのもよかったかもしれないですね。

鈴木　そうなんです。長州さん自身が「両国国技館とかじゃなくていい」って言っていて。後楽園だからこそ企業的には収益率が高いものになりましたけど、両国だと逆に経費がかかって大変だっただろうなと。

――両国なら演出にもお金がかかるし、アンダーカードも豪華なものを用意しなければならないでしょうしね。

鈴木　そうなんですよ。後楽園は雰囲気が出来上がっていて、メインに向かってどう組んでいくかだけでしたから凄くよかったですね。しかも最後は奥様も出てきてくださって。ボクもあれは知らなかったんですけど。

――最後が長州力のリング上でのキスシーンで終わるなんて、本人以外は誰もプロデュースできませんよね（笑）。

鈴木　あと、あの興行は凄くチームに恵まれて、ノアのほうにもそのチームで入って行ったような形なんです。

――ただ、あの当時のノアを子会社化するというのは、火中の栗を拾うというか、かなりリスキーなチャレンジだったんじゃないかと思うんですけど。

鈴木　やっぱり相当苦しかったですね。簿外債務というのは最初からあると思っていたんですけど、想像以上にあって。あのままだとおそらく終わっちゃうんだろうなという状況でした。ただ、私としては何を改善すればノアが上がっていくか、答えは見えていたんですよ。あとは資金が間に合うか間に合わないかというだけの話で。

――まず、どのへんを改善しようとしたんですか？

鈴木　あの頃、誰と面談しても「三沢さんが作った団体なので自分はいます」みたいな感じで、結局は〝自分たちの団体〟になっていなかったんですよね。まずはその意識改革から始めて。「三沢さんが作った団体だから」ではなくて「自分たちが残したい団体だから」というところから立て直していけば、かならずいけるだろうというのが見えていたわけですよね。それにしても凄くヤバかったんですけど（笑）。

――それこそ、5ちゃんねるをいちばん賑わすような状況で（笑）。

鈴木　だからノアを子会社化したら、ウチと友好関係にあった銀行さんが一斉に引きましたから（笑）。

――ヤバいじゃないですか！（笑）。

鈴木　ウチも黙ってノアさんの経営をやり出したわけじゃないんですけど、スピード勝負でやらなきゃいけないこともあり事後報告になった銀行さんもあって、一気に引いちゃったことがあったんですね。そのときはさすがに「これはヤバい。死ぬかも……」と思ったのが事実だったんですけど（笑）。ただ、その中でも協力してくださる方もいらっしゃって、何より選手と

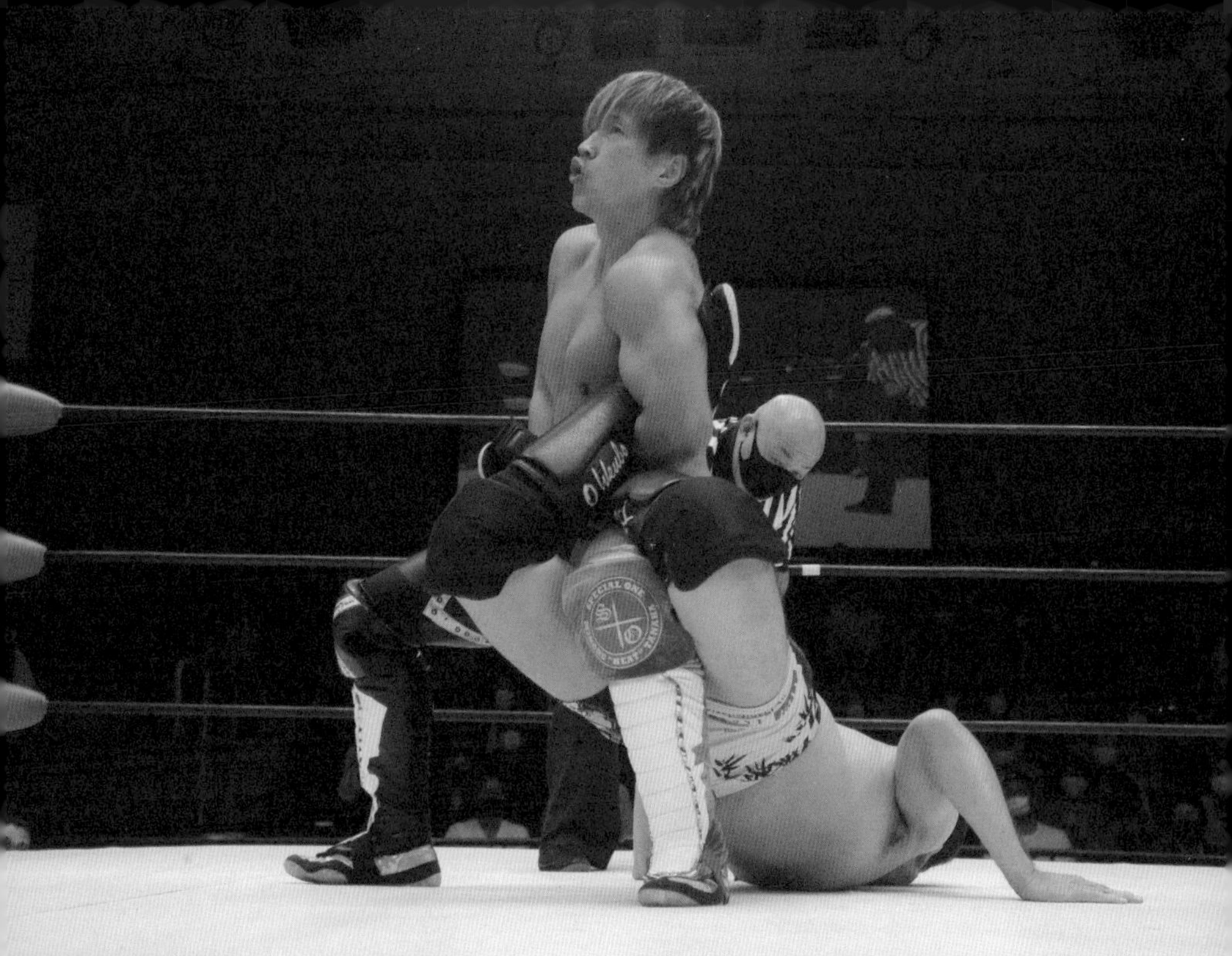

GLEAT
グレイト

スタッフさんが前を向いてくれたんです。

――実際、リデットが親会社になって団体自体の雰囲気が凄くよくなったように感じました。

鈴木　ボクは最初にスタッフみんなに言ったんですよ。「ノアを立て直すにはとにかく時間がない。だから私を信じてやるか、出て行くか決めてくれ」って。そうしたら基本的にみなさんが残って、信じてやってくれたので。細かいチケットの売れ行きから全部洗い直して。あとは清宮海斗、拳王という若いふたりが「新しいノアとはなんなのか」をしっかり試合で見せてくれたので、比較的短期間で凄くいい形にすることができたんです。

――そこからノアが上向きになってきたタイミングで、サイバーエージェントに譲渡することになったのは、どういった理由からだったんですか？

鈴木　苦しいながらも、おととし（２０１９年）の11月くらいから黒字の流れになり始めていて、去年の1月に譲渡するときも最後のほうは凄くいい数字が出ていたんですね。ただ、さらに上を目指そうとしたとき、ウチでは映像コンテンツの充実化というのはなかなか難しいなと思ったのと、ユークスさんとブシロードさんが新日本さんを立て直したときの予算を見てみると、７～10億くらいかかってるんですよね。それで「これはウチみたいな中小企業がやるよりも、しっかりとお金を投入してくれる大手さんのほうがいいのでは」という話を武田さんともしていて。「それであればＡＢＥＭＡってどうなんだろうね？」って話をしたら「1回話してみます」となって。そこから1週間くらいでサイバーエージェントの藤田（晋）さんのほうから「買う」というご決断をしていただいて。本当にいい形でスライドできたかなと。

「田村さんとの接点は、これは長州さんには言ってないんですけど上井（文彦）さんなんですよ」

――いいタイミングで経営譲渡できたわけですね。
鈴木　あのあと、すぐに新型コロナウイルスのパンデミックが始まって、世界が大変なことになったじゃないですか。ノアに関してはサイバーエージェントさんだからこそ、コロナ禍でもいい流れを作っていただけましたけど、ウチでは当然あそこまでできませんし、会社を通したら全部が飛んだと思うんですよね。だから本当にいろんな運命が重なり合って、あのタイミングでお渡しすることができてよかったかなと思っていますね。
――しかも団体がいい状態で、上昇気流に乗り始めたところで渡せたわけですもんね。勝負をかけた２０１９年11月2日の両国大会なんかも評判がよかったですし。
鈴木　そうなんですよ。チケットが半分以上売れて、本当に凄くいい内容で。三沢光晴という名前に乗った大会ではなく、ちゃんと「新しいプロレスリング・ノアというのはどういうものか」っていうのが打ち出せた大会だったと思いましたね。

――清宮vs拳王という若い世代のメインイベントが、それを象徴していましたよね。その10年ちょっと前、ブシロード体制に移る直前の新日本における棚橋弘至vs中邑真輔みたいに感じてました。

鈴木　じつはボクがあの両国でイメージしていたのは、新日本さんが2007年（11月11日）に棚橋弘至vs後藤洋央紀をメインでやった両国大会なんですよ。そのときはまだ集客は凄く低かったんですけど、〝神興行〟と呼ばれて。ボクの中では新日本さんはあの大会から流れが一気に変わったと思ってるんです。

――後藤選手が凱旋帰国したばかりの頃の試合ですね。

鈴木　そのときも5ちゃんを見ていたんですけど、それまで新日本さんをボロクソに書いていた5ちゃんの色が、あの大会から一気に好転したんですよね。そのときから「たったひとつの大会で流れを変えることができる」ということを実感していたので、2019年11月の両国大会も「ここを成功させれば、ノアの将来は明るい」というボクの考えを叶えてくれた大会でしたね。

――ある意味、5ちゃんマーケティングが功を奏したんですね（笑）。

鈴木　5ちゃんにいる人たちって、じつは凄く素直なんですよ。どこまでも気張っている人も中にはいますけど、「いいものはいい」という流れにもなりやすいところがあって。だから当時のログを見直してもらうとわかりますけど、あそこから新日本さんへの論調は大きく変わっているはずです。こうも変わるものなのかってビックリするくらいに。

――リデット体制でのノアは、いい雰囲気になったのにプラス、長州さんが顧問、田村さんが社外取締役&エグゼクティブディレクターになったことで、一部ファンから「なぜノアに長州と田村？」という声が挙がっていましたけど。田村さんはどういった経緯でノアやGLEATに関わることになったんですか？

鈴木　まず、私がノアという団体を見渡したとき、三沢さんが亡くなってしまって、小橋建太さんもリタイアされて、秋山さんも出て行かれてしまった。それによってプロレスにとって大事な伝承が途切れてしまっているように見えたんです。そして私の中でノアは「世界一練習する団体」というイメージがあったんですけど、トップ選手たちがいなくなるにつれて、そういうイメージも薄れていった中で、そこを復活させるには誰が適任かを考えたとき、それが田村さんだったんですよ。私の中で田村さんは練習によって技術を突き詰めていく、孤高の武士のようなイメージがあったので。

――練習面では本当にストイックですよね。

鈴木　その田村さんが入ってくれて練習を見る状態になれば、選手にもいい影響が生まれるかもしれないし、ブランドアップにも効果的なんじゃないかと考えたんですよ。だから三沢さん、小橋さんらが作られた「いちばん厳しい練習をおこない、人間離れしたプロレスをする」というイメージを復活させるために、田村潔司と長州力が必要だと思ったんですね。このふたりが見ている団体なんて絶対に厳しそうじゃないですか。

——90年代の新日本やUインターの道場を考えると、厳しいのは容易に想像がつきますよね（笑）。

鈴木　そういう厳しい団体が作れたらなと思ってのことだったんです。

——田村さんとはどこから接点が生まれたんですか？

鈴木　これはですね、長州さんには言ってないんですけど、上井（文彦）さんなんですよ。

——えっ、あの上井文彦さんですか!?（笑）。

鈴木　事情をご存知かわからないですけど、田村さんが唯一、上井さんとだけつながっていて。

——上井さんが大阪で開催した興行で、田村さんもリングに上がっていましたよね。挨拶だけでけっして試合をしようとしないのが田村さんらしいと思ったんですが（笑）。

鈴木　それで上井さんにご連絡させていただいて、「なんとか田村さんと繋げられないですか？」という話をして。最初は上井さんに間に入ってもらって、田村さんに真心を込めたメールの長文を打ち続けて、それで何度かやり取りをした上でノアの大阪大会にお越しいただいたというのが最初なんですね。

——最初はメールアドレスすら教えてくれないっていうのも、また田村さんらしいですけど（笑）。

鈴木　だから最初の頃は、何か連絡するときはすべて上井さんに間に入ってもらって。田村さんと直接やり取りするようになったのは、おととしの年末とかそれくらいになってからですよ。

——ボクなんかもかれこれ20年以上取材し続けているのに、いまだに直のＬＩＮＥもメアドも知りませんからね。田村さんはそういう方です（笑）。でも鈴木社長に対してもそうだったんですね。

鈴木　こちらのペースというより、まずは田村さんに乗っていただくことがいちばんなので、田村さんがご希望されるようにと思いまして。とは言っても、すぐに答えをいただける方ではないので、上井さんにもいろいろとご尽力いただきました。

「業界関係者はやっぱり『武田さんがいたからできたんだね』って。鈴木はどこまでいっても『お金を出した人』みたいな感じになっていて」

——では２０１９年11月の両国で、田村さんと長州さんがリングサイドで査定しているのを拳王選手が噛みついたりしてましたけど、あのへんもまったく予定調和じゃない緊張感があったんですね。

鈴木　そうなんです。でもそういう緊張感こそ、いまのプロレス界に失われたものでもあると思うんですよ。やっぱり「やべー、どうなるんだ!?」って運営側が思うくらいじゃないとファンの皆様もドキドキしないと思うんですよね。

——いまは良くも悪くも安心して観られるエンターテインメントになっていますからね。

鈴木　私なんか、長州さんと田村さん、どちらかが途中で席を立つんじゃないかとか、そういうところまで想像していたんですけど、それすらもおもしろいからいいやっていう感じですよね。

——実際、田村さんは素で拳王に対して怒っていましたもんね（笑）。

鈴木　ああいうふうになると、ファンの方も「これ、どうなっちゃうんだろう?」ってなりますよね。

——最近のプロレスでそういうことがあると、「じつはもう試合をすることが決まっていてやってるんじゃないの?」って思われがちですけど、田村―拳王に関しては、まったくそれがなかったと。

鈴木　ウチはなんにもないですよ。流れに身を任せて、なるようにしかならないっていう考え方なので。

——そのへんは昭和の新日本プロレスっぽいですよね。

鈴木　言っても、みなさんプロであり、大人なので、要はビジネスとして成立するように動くか、そこから外れてしまうかというだけの話なので。いずれにしても、いい方向に行くようにやっていただけるであろうという信用ですよね。

——その後、昨年1月にノアの経営権をサイバーエージェントに譲渡されたわけですけど、あらためてＧＬＥＡＴという団体を旗揚げしようと思ったのは、最初から田村さんを中心で考えていたんですか?

鈴木　いろんな要素があったんですけど、田村さんに関しては「ノアは残念な形になっちゃったんですけど、あらためて一緒にやれることがないですか?」というお願いをしたところ、ＹｏｕＴｕｂｅで5分くらいにまとめた動画を送ってきてくれたんですよ。その動画は田村さんがホワイトボードにいろいろ書きながら、リデットのためにとアイデアを説明したもので。

——お手製のプレゼン動画ですか（笑）。

鈴木　そうなんです。立派にプレゼンをやり遂げられていて。そこでご提案いただけたのが「女子ＵＷＦ」を立ち上げて、芸能事務所とタイアップして売り出そうっていう話だったんですよ。

——ＧＬＥＡＴのプレ旗揚げ戦では、朱里選手がＵＷＦルールの試合をやりましたけど、「女子ＵＷＦ」こそ、田村さんが最初から考えていたことだったんですね。

鈴木　その動画を観たとき、「あっ、これは凄いわ！」と思ったんですね。経営的にもこれは絶対にお金になると思って、田村さんに「すぐにやりたいです！」って返して。だから最初は「女子ＵＷＦ」の団体を旗揚げしようと思ったんですけど、選手をイチから育てると凄く時間がかかるんですよね。

――これまでにないものですからね。いまは女子プロレスラーも女子格闘家もたくさんいるから、潜在的にはやりたい人がけっこういるかもしれませんけど。

鈴木　それでちょっと停滞しているとき、去年4月にＷＲＥＳＴＬＥ－1さんが休眠となって、「カズ・ハヤシさんが行き場を探しています」っていう連絡をもらったんですよ。それで一度お会いしたところ、「じゃあ、ウチでやってみますか」という話になったんです。そのときはまだノアさんとも距離が近かったので。

――リデット所属になった上で、ノアや他団体に出てもらえばいいんじゃないかと。

鈴木　そうしたら「若手がふたりいます」みたいな話になって。そうなると頭数も揃うので、女子ＵＷＦより先にプロレス団体をやったほうが早いんじゃないかとなったんですよ。それで元Ｗ－1の若い伊藤貴則、渡辺壮馬は、田村さんに稽古をつけてもらおうということでお願いしたら、田村さんもふたりに対して実直に向き合った教育をしてくださって。なので女子ＵＷＦはゆくゆく進めていくとして、まずは伊藤、渡辺という若いふたりが、プロレスもＵＷＦもやって、場合によっては総合にも出るという形でＧＬＥＡＴが動き出したんですね。

――それで田村さんのＵＷＦ路線と、カズ・ハヤシさんのプロレス路線が同時進行で動き始めたんですね。

鈴木　だからＧＬＥＡＴを旗揚げする大義としては、「プロレス最強論の復権」というものがあるんですけど、私個人としては、武田さんに対するジェラシーというのも大きいんです。

――武田さんへのジェラシーですか！（笑）。それってどういうことですか？

鈴木　ファンの皆様は、昨年の1月までのノアさんの運営において、ウチが果たしてきた役割をわかってくださっている方が多いんですけど、ただ、業界関係者はやっぱり「武田さんがいたからできたんだね」という感じで（笑）。リデットエンターテイメントの鈴木裕之なんかどうでもいいみたいな、どこまでいっても「お金を出した人」みたいな感じになっていて。

「新宿ＦＡＣＥを満員にするのも簡単じゃないけど、チケット完売にこだわっていきたい」

――クリエイティブ面での功績をまったく評価されていなかったと。

鈴木　私と会社としては「プロレスに真剣に取り組み、そこには思想があった」というのを捉えてほしかったんですけど、業界関係者はそこにまったく歩み寄ってくれなくて、それがどうしても自分の中では許せなかったんです。

——鈴木社長はお金はもちろん、知恵も使って本気でプロレスに取り組んでいるのに、業界関係者からはいつまで経っても「お金を出している業界外の人」という目で見られていることを感じてしまったわけですね。

鈴木　そうですね。どこまでいっても「武田さん、武田さん」だったものですから。もちろん私が武田さんから得たもの、学ばせてもらったこともたくさんありますけど、私自身が武田さんとは違う視点でプロレス界を見てきた、関わってきたところもあるわけだから、それをひとつの形にしたいという思いがあったんです。

——だからこそ、鈴木社長がプロデュースするオリジナルの団体であるGLEATを旗揚げしようと思ったわけですね。

鈴木　そして動き出すにあたって、女子UWFはいずれやりたいなと思っていますけど、まずUWFと純プロレスの大会をそれぞれ独立した興行をしておこない、GLEATというのはその両方をミックスしたビッグマッチとして、年に1回か2回やるという計画になったんです。

——最初から2ブランド制だったんですね。

鈴木　はい。そのふたつはまったく方向性を変えて。純プロレスのほうはCIMAくんを中心にマイクでしゃべることも要素の重要なひとつですけれど、UWFはいかにしゃべらず、闘いだけを追求していくか。その相反する、プロレスとUWFをGLEATというビッグマッチで両方見せて「どちらがおもしろいのか？」ということを競わせたいと思っているんです。

——GLEATは旗揚げ当初、「方向性が定まっていない」と言われたりもしましたけど、あえて方向性が逆の2ブランドを揃えたわけですね。

鈴木　田村さんは「UWFはおもしろい」という信念を持っているし、カズ・ハヤシ選手なんかも自分がやってきたことに自信を持っている。それを同じ会社の中で競わせようとしたんです。実際、それはいい効果が出ているんですよ。UWF側の田中稔と、プロレス側のCIMAでいい感じに競っていますしね。

——そのふたりが、両ブランドのプレイヤーとしてのトップなわけですもんね。

鈴木　だから社内の2ブランドは田中稔とCIMAの競い合いであり、田村潔司と長州力の闘いでもあると。そういう風にやっていけたらと思っています。

——昨年10月のプレ旗揚げ戦は「UWFのはずなのに普通のプロレスの試合もあって、ごちゃ混ぜだな」と思ったんですけど、もともとGLEATは純プロレスとUWFの試合が同居する大会というコンセプトだったわけですね。ただ、本来は2ブランドが確立した上でオールスター戦的にやるはずが、最初から合体した形だったので誤解を生んでしまっただけで。

鈴木　そうなんです。GLEATを先にやっちゃったから、あなったんですけど。あのときからすでに「分けてやっていきます」という話はしていたんです。ただ、CIMA選手たちストロングハーツが来ることは昨年11月まで予定していなかったことなので。彼らが来たことで2ブランド化がしっかり具現化する流れができましたね。

――やはりCIMA選手たちの加入は大きいですよね。イメージ的にも、試合のクオリティ的にも。

鈴木　全然違ってきていますね。

――3月27日の靖国神社奉納プロレスを観に行った人に聞いたら、いろんな団体が出ている中でCIMA選手たちが出場したGLEATの提供試合がいちばん盛り上がっていたと言ってましたから。

鈴木　おかげさまで、ストロングハーツのメンバーが入ってくれたことで一気に活性化したことはたしかですね。それだけじゃなく、もちろんカズ・ハヤシもメキシコやWCWなど世界を渡り歩いてきた選手だし、田中稔にいたっては国内主要団体のジュニアのシングルとタッグ王座をすべて獲っている。そういう凄い人材が揃った団体になっていますから、若い選手たちがどう挑んでいくかが、ひとつの見所になってくるんじゃないかと思います。

――興行としては、純プロレスの『Gプロレスリング』が5月26日、『リデットUWF』が6月9日、それぞれ新宿FACEでの開催が決まっていますけど、当面は新宿FACEベースでやっていくわけですか。

鈴木　そうですね。やっぱり後楽園で空席多数からスタートすると、なかなかそこから盛り返すのは難しいと思っていまして。新宿FACEを満員にするのも簡単じゃないことはよくわかっていますけど、満員、もしくはチケット完売にこだわっていきたいんですね。

――客入り次第で、会場の熱が違ってきますもんね。

鈴木　だからこそウチは「熱狂と心酔」というスローガンを掲げてるんですけど。先日のK－1の武尊さんの試合は観に行かれました?

――ABEMAの生配信で観ました。

鈴木　ボクは武道館に観に行ったんですけど、いまのご時世、「声を出しての応援は控えてください」と言われていながら、みんな武尊さんの試合では声が出ちゃってるんですよ。あれは「出しちゃダメだ」とわかっていても、つい興奮して出ちゃっているんだと思うんですね。いまの時期、それでいいのかどうかは置いておいて、プロレスもつい声が出ちゃうような興行にしなきゃダメだと思いましたね。

——K−1の武尊vsレオナ・ペタスもそうですし、ノア武道館の武藤敬司vs潮崎豪もそうでしたね。

鈴木　やっぱり本当に凄い試合を観たら声が出ちゃうんですよ。だから興行の中で1試合でも、思わず声が出るような試合にしていくのが大事かなと思ってますね。

「興行は無関心がいちばんダメ。いい意味でファンの論議になるようなことを仕掛けていきたい」

——「リデットUWF」のほうは田中稔選手が中心になりそうですか？

鈴木　そうですね。あと若い伊藤と飯塚、あとは松井大二郎さんもいますので。じつはあさってUWFの記者会見をやることになっていまして、そこでハードヒットさんとの全面対抗戦を発表するんです。

——おー！　いきなり全面対抗戦ですか！

鈴木　やっぱり遠回りするよりも、お客様が観たいものを出し惜しみせずに出していこうと。同じUWFを追求するイデオロギー対決となれば、いちばん熱い闘いを見せられるコンテンツだと思いますからね。

——ハードヒットからしたら、「こっちが本家だ！」くらいの気持ちも当然あるでしょうしね。

鈴木　ボクもハードヒットを観に行ったら、和田拓也選手がGLEATに対してマイクで「こっちはずっとやってんだぞ！」みたいなことを言っていたんで、「じゃあ、それを示せばいいじゃん」みたいな（笑）。そういう緊張感がある闘いをいきなり見せたいですね。

——それは非常に楽しみです！　先の構想として『リデットUWF』に田村さんが選手として出場する予定はまったくないんですか？

鈴木　田村さん自身はそれを口にしていませんが、あえて言うとボクは可能性があると思っていて。もしあるとすれば、伊藤、渡辺、飯塚（優）の誰かとの試合だと思います。

——〝教え子〟との試合ならあるんじゃないかと。

鈴木　田村さんは「引退はしていない」とハッキリおっしゃるんですけど、現役選手としての気持ちは桜庭和志選手との試合でフィニッシュされていると思うんですよ。あれを超えるものはないので。でも、いまは若い選手たちと実直に向き合って強くさせようとしているので、田村さん自身、闘いに対して快活になられている部分はあると思いますから。ボクはあの3人が努力して、誰かが田村さんをリングに引っ張り出してほしいと思いますね。

——若手の奮起次第ということですね。ボクは去年、田村さんにインタビューしたとき、「身体が動くうちに船木誠勝さんとUWFの試合をやってくださいよ」と言ったら「いちおう考えておくわ」みたいな感じだったんですよ（笑）。
鈴木　おふたりとも、いまだに身体もバキバキですからできますよね。
――船木さんもめちゃくちゃコンディションよさそうですからね。
鈴木　もしかしたら、ここ2〜3年のうちにそういう動きが出てくるかもしれませんし、期待はしたいですね。
――そして7月1日にはGLEATとして、TDCホールでビッグマッチが予定されているんですよね。
鈴木　はい。内容はいま調整中ですが、前半と後半でUWFと純プロレスで分ける感じになると思います。どちらがメインを取るか、新宿FACEの大会からその競い合いが始まる感じですね。
――今日、鈴木社長にお話をうかがわせていただいて、こう言ってはなんですけど、思っていた以上にGLEATはちゃんと戦略を持ってやられてますよね（笑）。
鈴木　じゃないと、ノアさんを預かったり、新団体を旗揚げしたりできないですよ（笑）。ちゃんと考えてやってはいるんですけど、興行は無関心がいちばんダメなので、いい意味でファンのみなさんの論議になるようなことを仕掛けていきたいですね。
――5ちゃんねるが騒ぐようなことを（笑）。
鈴木　そうですね。GLEATを語らずにいられないようにしたいです（笑）。
――でもGLEATは公式ツイッターをはじめとしたSNSからも、凄くやる気が伝わってくるんですよ。
鈴木　みんな本気でやっていますから。会社の事業としても、これをぜひ大きくしていきたいですね。打倒・高木&武田ですよ！（笑）。
――いいですね〜。打倒・高木&武田！（笑）。
鈴木　そういうライバル心があったほうが力になるじゃないですか。だからGLEATの大義は「プロレス最強論の復権」ですけど、私的なところでは打倒・高木&武田を目指してがんばっていきます！（笑）。

鈴木裕之（すずき・ひろゆき）
1970年6月24日生まれ、埼玉県大宮市（現さいたま市）出身。リデットエンターテインメント株式会社代表取締役。
1989年3月、自由の森学園高等学校を卒業後、同年4月よりイベント人材派遣会社やイベント制作会社などを経て、企業を志すが失敗。1992年12月より約1年半イギリスを遊学して帰国後の2002年9月に現・リデットエンターテインメント株式会社（当時は有限会社エス・ピー広告）に入社する。2009年6月に同社の代表取締役就任。プロレスに造詣が深く、長州力プロデュース興行なども手掛け、2019年1月29日、ノア・グローバルエンタテインメント株式会社の株式75%を取得しノアを子会社。翌2020年1月まで1年間、団体復興に尽力する。そして2020年8月20日、新たなプロレス団体として「GLEAT」旗揚げを発表した。https://ent.lidet.co.jp

兵庫慎司のプロレスとはまったく関係ない話

第71回 誰も傷つけない逮捕

兵庫慎司

（ひょうご・しんじ）1968年生まれ、広島出身、東京在住、音楽などのライター。舐達麻表紙号の井上編集長の「大麻やりたい」発言を読んだ時、「ペールワンズの事務所って、何人で使ってるんですか？　えっ井上さんひとりだけ？　ならそこで栽培すればいいじゃないですか！　大麻、種の所持だけなら『観賞用』ってことで犯罪にならないから、普通にネットで売ってますよ！」と、めちゃめちゃお勧めしたことを、今回のこの連載を書いていて、思い出しました。

《人気ラップグループ「舐達麻」のメンバー2人を含む男女9人が大麻を所持していたとして、警視庁に逮捕されたことがわかりました。大麻取締法違反の疑いで逮捕されたのは、人気ラップグループ「舐達麻」のG-PLANTSこと本多勇翔容疑者と、DELTA9KIDこと広井大輔容疑者ら男女あわせて9人です。

　警視庁によりますと、本多容疑者は14日、埼玉県の自宅で大麻およそ8・3グラムを所持し、広井容疑者は去年9月、当時の埼玉県の自宅で、大麻若干を所持していた疑いがもたれています。また、「舐達麻」の関係者の男女7人も大麻を営利目的で所持したことなどとして逮捕されました。警視庁は、本多容疑者らが大麻の密売に関与していたとみていますが、9人の認否は明らかにしていません。

「舐達麻」は埼玉県熊谷市を中心に活動する若者などに人気の3人組ラップグループで、大麻を推奨するような曲を歌っていました。》

　以上、2021年4月16日（金）の、『日テレNEWS24』より。

　というニュースを、この日の昼に知り、ツイッターを見たら、早くも大喜利大会になっていた。

「信じられない」とか、「見るからにまじめそうな人たちなのに」とか、「大好きだったのに見損ないました」などというコメントを、舐達麻関係の写真とともにアップする、というやつ。

　3人の刺青だらけの写真や、彼らのアルバム・ジャケット（どれも大麻があしらわれている）や、ミュージックビデオのワンシーン（メンバー3人が、巻いたり吸ったりパケ詰めして出荷したり、青々と繁った大麻畑でラップしたり）などなど。

　あ、彼らが表紙を飾った、本誌104号（2020年8月）の表紙も、使われていました。前田日明と座談会をした時ね。

　というさまを、しばらくニコニコと眺めながら、改めて感心した。

　こんなにも、誰も損しない「不祥事で逮捕」、過去にあっただろうか。

　まず、当然だが、ファンは全然がっかり

しない。いや、これで彼らの活動がしばらく止まるであろうことにはがっかりするけど、大麻で捕まったこと自体、大麻をやっていること自体には、失望しない。失望するような人はそもそもファンにならない、あれだけあからさまに大麻をテーマにしているグループなんだから。

ライブに通ったり、CDを買ったり、YouTubeやサブスクを何度もリピートして再生回数をがんがん上げたりしている人たち、つまり彼らの活動に対する具体的なプラスをもたらしている人たちで、この逮捕によってがっかりして、ファンをやめる人、いる？　いないよね、どう考えたって。

で、その外側＝ファン以外は、関係ない、何を言われようが。この逮捕で初めて舐達麻の存在を知った人も、前から知っていて「ざまあみろ」とか言っている人も含めて。

なんで。ファンじゃないから。この逮捕があってもなくても、舐達麻に対してなんのメリットももたらさない人たちだから。だったらどう思われてもいいし、何を言われても関係ない。

ってこれ、ピエール瀧の逮捕の時も思った。あの件でがっかりして、電気グルーヴのファンをやめた奴なんか、いないし。でも瀧さんの時と違うのは、瀧さんの場合、大手事務所に所属していたり、コマーシャルや映画に出ていたりして、逮捕されたことによるビジネス的な周囲への影響が大きかったけど、舐達麻なら、それもないし。

あ、でも、楽曲の配信に、大手の会社がはさまっていたりしたら、まずいかも。と思って、事件発覚から数時間おきにSpotifyを開いて確認しているが、24時間以上経った今でも、全曲普通に聴けます、舐達麻。YouTubeの公式チャンネルも、そのままです。よかった。

それから、これが覚醒剤とかだと話は変わってくるが、大麻である、というのも、大きいと思う。今年3月31日、ニューヨーク州では嗜好品としての大麻の使用・栽培等が合法化されたのも記憶に新しいが、まあ、そんなような、いまだに違法にしている日本のほうがおかしい程度の、数年以内に国内でも合法化されてもおかしくないよね、くらいのものなので。

そういえば、3人の中で唯一前科がなかったG-PLANTS、連行される映像があちこちで放映されていたけど、ちゃんとAPHRODITE GANG（彼らのレーベル）のTシャツを着ていた。それにもちょっと感心した。手錠をはめられる前に着替えたのかな。

唯一、ちょっと気になったのは、BADSAIKUSHが捕まらなかったこと。9人捕まってボスは無事。ハッパはふたりに持たせて自分は持たないようにしている、という噂があったけど、本当だったんだろうか。

あともうひとつ。その舐達麻表紙号のマッスル坂井との電話対談で、「舐達麻の原稿をまとめてる最中にすげえ大麻がやりたくなった」と言っていた井上ヤマモト本誌編集長は、これを受けてどう動くのかが、気になります。おふたりが出て来たら、また表紙やるべきじゃない？服役中にBADSAIKUSH単独インタビュー、でもいいけど。

おもしろい人はなぜおもしろいのかを
調査する好評連載・第５回

オークラ

放送・構成作家／エッセイスト

収録日：2021年４月10日
撮影：タイコウクニヨシ
聞き手：大井洋一　構成：井上崇宏

TBS日曜劇場『ドラゴン桜』もスタート！スーパー人気作家に仕事の哲学を聞いてみた!!

「たとえ狭いやり方でやっていたとしても、
たまに確変が起きることがある。
１打数１安打はないと思っていて、
バチッと当たったヒットの前までに
絶対に伏線はあるんだよ。
そこは狙っていきたいし、
そのためには打席にいっぱい
立ってなきゃいけないんだよね」

「いま、ちょっといい?」

夜中に突然オークラさんから連絡が来て、何かと思ったら、「安保瑠輝也のYouTubeのさ、海で絡んできたヤンキーと闘ってるやつって　アレ、マジ?」という確認だった。

ボクはその動画がマジなのかヤラセなのかわからないんですけど、その後もオークラさんから「朝倉未来のあの動画ってさ」とか「芦澤竜誠のあの企画って」とことあるごとに、ヤンチャ格闘家のYouTubeに関する問い合わせが増える一方となった。

格闘技界はオークラさんっていう才能がこっちを向いている間に、何か作ってもらわないと損ですよ!!

いまこそ抱き込むチャンス!

オークラさんってマジでおもしろいんだから!!（大井）

「そもそも俺は放送作家っていうジャンルが好きじゃないっていうか、よくわかっていなかった。『コントがやれればいいや』って」

――オークラさんって、最近になって格闘技が好きになったんですよね?

オークラ　去年の10月とかからね。本当にベタなんだけど、朝倉未来チャンネルを観るようになってから（笑）。

――凄い!　ニュージェネレーションじゃないですか（笑）。

オークラ　それまではPRIDEとK－1の違いすらもいまいちよくわかっていなかったくらいなんだけど。

――プロレスも素通りですか?

オークラ　全然興味がなかった。あれはババアが観るものだと思ってたから。

――えっ、ババア?

オークラ　ウチのおばあちゃんが女子プロレスを凄い観てたから（笑）。

――朝倉未来チャンネルのどこにひっかかったんですか?

オークラ　街の喧嘩自慢とスパーリングするってやつから観て、そこから朝倉海を知って、闘ってるのを観たら「あれ、大井くんとも闘ってる!?」ってなって（笑）。さらに調べていったら安保瑠輝也のことを知って「あっ、こっちはK－1なのか」とか。そこからYouTubeで過去の試合を観まくって。一度ハマったら調べまくるから「あっ、こういう歴史なんだ」とかだんだんとわかってきて。

――朝倉未来がYouTubeをやっている大義名分としては、ここから格闘技に引っ張ってくるってことなんですけど、まんまとですね（笑）。

オークラ　まんまと。べつにYouTube自体もそんなに好きじゃなかったんだけど、朝倉未来とかを観るようになってYouTubeもだんだんと好きになってきて。

——すげーな、朝倉未来（笑）。

オークラ　いまや、赤坂で散歩していたら会うんじゃないかなってドキドキしたりして（笑）。でも、いちばん好きな選手が朝倉未来っていうわけではないんで。

——ちなみにいちばんは誰なんですか？

オークラ　やっぱ堀口恭司かな。

——オークラさんはもともと不良がそんな好きではないですよね。

オークラ　不良が好きではないけど、不良マンガは大好きなのよ。『クローズ』『WORST』とか何回も読んで。強い弱いっていうのが大好きなんで。実際に自分がそのチームの中に入ると下のほうにいるだけであって（笑）。

——そういう意味で言うと、朝倉未来のやっているYouTubeは、街の喧嘩自慢に声をかけたりとか、大人数相手でも勝てるのかとかちょっと劇画的というか。それをリアルにやってくれるところも悪くないってことですよね。

オークラ　俺ら放送作家で言うとさ、原始的な企画を思いついてもなかなかできなかったりするじゃない？　立ち位置とかを考えたり、何をどうすればいちばんおもしろくなるのかとか考えがちだけど、向こうは思いついたらすぐにやるじゃん。やってそれがどうなろうがっていうところがあって、そこもまたおもしろいなと。

——やっぱりYouTubeっていうのは、やっぱりボクから見ると「凄く粗いな」とか思っちゃうんですけど。

オークラ　凄い粗いとは思うよ。全然できてないとは思うけど、今日思いついたことを明日やるじゃん。たとえば俺らの場合は「誰々からこういう話題を引き出したいから話しましょうよ」っていうのを会議で発案してからキャスティングするまでに2週間。それから収録してってなると最低でも1カ月とかかかったりするじゃない。そうしたらYouTubeのようなスピード感のほうが喜ぶ人が多いんだろうなとは思うよね。俺らはプロだから、プロにしかできないキメの細かい、クオリティの高いものが作れるけどって思うけど、それだけじゃないものもあるんだなって。

——テレビバラエティとは違うおもしろさがあると。ボクらはもともと同じマッコイ斉藤一座で、ボクがこの仕事を始めたばかりのときが、ちょうどオークラさんも始めたくらいの時期ですよね？

オークラ　そうなるのかな。それまでも舞台とかの構成作家はやっていたけど、自分はそもそも放送作家っていうジャンルが好きじゃないっていうか、よくわかっていなくて。それで「コントがやれればいいや」っていうときに、おぎやはぎの矢作

CITY

（兼）さんが「俺の知り合いに天才ディレクターがいるんだけど、その人が観たいって言ってるから連れてくるわ」って、俺とバナナマンでやったライブに来たのよ。

「学校で人気者でもなかったし、自分の頭の中で構築してる人間だから、人との関係性で笑いを作るよりも自分の考えたものをそのまま出すほうが合ってた」

——その天才ディレクターがマッコイさんだった。

オークラ　俺からしてみたら、矢作さんなんてまだ出会ったばっかだったから「なんでおめえみてえな新人芸人が天才ディレクターと知り合えるんだよ?」とか思ってたんだけど（笑）、「なんかすげえオークラに会いたがってるんだよ」って言われて。それでマッコイさんがサングラスにライダースを着て、アメ車で来てっていう。その時点で俺も凄いとんがってたんだけど、やべえヤツが来たからもう逆らえないっていう（笑）。

——ヤバい不良が来たぞと（笑）。

オークラ　で、そのまま3人でクルマに乗って移動しているときに、マッコイさんがもう俺のことを見破ったんだろうね。「コイツ、喧嘩よえーな」って。いきなり道路の真ん中で俺をクルマから落とそうとするんだよ（笑）。「キミ、降りて」とか言って。そこで関係性が決まったというか、何日か後にマッコイさんから突然、「ちょっとよしもと本社に来てくれない?」って言われて。よく意味がわかんないけど関係性は決まっていたし、時間なんていくらでもあったから、ひとりでよしもと本社に行ったら、会議室に大井くんとか石原（健次）さんたちがいて。あれは『極すれすれガレッジセール』の会議をやったんだよね。

——じゃあ、出会ったのは本当に初期の初期ですね。ボクのオークラさんのイメージは、舞台とテレビバラエティをやりつつも、気持ちの重さとしてはやっぱり舞台っていう感じの人だったんですけど。

オークラ　俺は昔からテレビバラエティを観ていて、たとえばウッチャンナンチャンがコントとかをやったあと、最後に急に棒で叩きあったりとかそういうゲームコーナーが始まるじゃん。あの瞬間がもう嫌なの。『ごっつええ感じ』もコントは好きだけど、企画コーナーになった瞬間にもう興味ねえなっていう感じになっちゃうんで。だからバラエティ番組っていうものに最初はそんなに興味がなかったの。

——マッコイさんから「おまえ、やれよ」って言われたからやっていたけど、放送作家になりたいっていうわけではなかったんですか?

オークラ　いまだにそうだと思うけど、コント作家っていう職業がまだ日本で確立されていないでしょ？　この世界って「芸人と一緒にコントを作る＝放送作家の卵」っていうか。だからみんなは俺が放送作家になるもんだろうと思って接してくるし、たしかにコントってお金がもらえないんで。アンタッチャブルの最初の単独ライブを作・演出したときさ、ギャラが1万5000円だから（笑）。

――じゃあ、メシを食うためにテレビバラエティもやらざるをえないというか。

オークラ　最初はそうだったんだけど、『すれすれガレッジセール』って基本はコントじゃん。ロケと言いながらもそこに真実なんかなくてさ（笑）。だからあのときに「あっ、これはおもしろいな」と思ったの。自分がやっていた凝った世界観と合ったというか。でも俺がすげえ仕込んで超凝ったフレーズをカンペに書いて出したりとかしてたら、マッコイさんがいきなり俺からカンペを取り上げて、一言「バカか！」って書いたのがウケたりとか。そこで会う人会う人の笑いが新鮮で、自分がやってきたのとはちょっと違うけど「こういうのもあるんだな」と思って。

――異文化に触れた感じだったんですね。

オークラ　そうそう。そもそも『めちゃイケ』とかも観てなかったから。まわりの人が「凄いおもしろい」って言うけど、そんな好きでもねえし。でも極楽（とんぼ）のラジオが始まったんで、自ずと『めちゃイケ』も観るようになって、だんだんと「バラエティってすげえな」っていうのがわかってきた感じ。

――普通の考え方としては「劇場の上にテレビがある」だったけど、オークラさんの意識としてはそうじゃなかったってことですよね。

オークラ　たぶんそうだね。俺なんて学校で人気者でもなんでもなかったし、自分の頭の中で構築してる人間だから、人との関係性で笑いを作るっていうよりも自分の考えたものをそのまま出すっていうほうが合ってたんだと思うんだよね。なのに急にパーティーに入らなきゃいけなくなって（笑）。そのあとすぐに『はねるのトびら』があったじゃん？　あれって昔のパターンを研究してそれを番組に落とし込んだりしていたから、ああいうやり方だと自分の性に合っていたかもしれないね。勉強になるなと思ったし。

――あの頃は死ぬほど会議をやって、会議終わりに漫画喫茶に行って次の日のネタを書くみたいなことをずっとやってましたよね。

オークラ　やってた。俺がいまだに憶えてるのが『はねるのトびら』の最初の1年間、近藤さんイップスの時期があったでしょ。

――プロデューサーの近藤真広さん。

オークラ　あの頃、俺はもうめちゃくちゃダメ出しされたのよ。なんかターゲットにされちゃって、近藤さんに「なんだてめえ！」みたいな。それで会議中、まったくしゃべれない時期が続いちゃって。

——その頃って、オークラさんはほかでバナナマン、おぎやはやぎ、バカリズムといったメンツと仕事をしていたじゃないですか。だからそうやって会議でボロクソに叩かれて、打ち込まれつつも「でも俺、おもしれえからな？」っていう気持ちは持っていたんじゃないですか？

オークラ　持ってた。でも俺は俺で東京03の飯塚（悟志）さんに同じようにめちゃくちゃ当たってたんだよ。飯塚さんは当時アルファルファっていうコンビで、バナナマン、おぎやはやぎ、バカリズムはすでに凄かったんだけど、「アルファルファってなんかカッコいい笑いじゃねえな」っていうのがあって。「だからダメなんだよ！」って俺が会議で怒られてたことをまんまトレースして、飯塚をすげえ怒ってた時期があって（笑）。

——そんなことがあったんですね（笑）。

オークラ　あの頃はちょっとバランスが悪かったね。

「〝放送作家〟って名乗りたくないのよ。そこでいろいろと考えて、いちばんピンとくるのが〝ハイパーメディアクリエイター〟だった（笑）」

——そのときは「なんだよ、わかってねえな」という反骨心じゃなく、けっこう落ちちゃう感じだったんですか？

オークラ　俺は反骨心はあるんだけど、出さないからね。内に秘めてて「絶対に許さねえ……」って思ってた（笑）。そんな感じだったから最初の頃は調子よかったんだけど、半年過ぎたくらいから凄いスランプみたいになってきちゃって、ネタを全然振られなくなったの。それで会議中にあまりにもしゃべらなくて、そうしたら『すれすれガレッジセール』のほうでもしゃべれなくなっちゃって。それでずっとしゃべらないから石原さんに「しゃべらないんだったら辞めてくんねーかな」って言われて、涙が抑えられず、会議中にずっとこうやって上を向きながら「はいはい……」って考えてるふりをしたりとか。涙がこぼれないように（笑）。

——悲しい「上を向いて歩こう」ですね（笑）。でも、それから自信を取り戻す瞬間があったわけですよね。

オークラ　そうやっていじられる立場でいつつ、ようやく1年ぐらい経った頃から振られるようになってきて、たとえば板倉（俊之）のタクシーのネタとか「栞と博」とかを俺が書くようになって。

——そうやって書いたものは認められるっていう。

オークラ　俺の中でも「だんだん認められ始めてきているな」っていうのをなんとなく認識し始めて。その頃にバナナマンやおぎやはぎの番組も始まって、いままで自分がライブシーンでやってきたものがいい感じに繰り出せるようになってきて、自分のホームグランドみたいなのができ始めて、それが少し自信になりっていう。

――それがいまやオークラ帝国ですからね。そういえば駆け出しの頃、マッコイさんの事務所で一緒にオナニーをして怒られたことがありましたよね（笑）。

オークラ　あのときはマッコイさんに死ぬほど怒られて（笑）。

――夜中にふたりで作業をしていて、誰もいないからオナニーをしたくなっちゃって。

オークラ　AVがいっぱいあったからね。

――あれはなんでバレたんでしたっけ？

オークラ　わかんない。いきなり次の日に「おまえら、オナニーしただろ！」って言われたんだよ。

――マッコイさんに呼び出されて、経理の女の子がいる前で俺とオークラさんが正座させられて（笑）。「おまえら、オナニーしただろ！　人の事務所でなんでオナニーしてんだよ!?」って。

オークラ　半分冗談みたいな感じではあったけどね。

――ボクのオークラさんとのいちばんの思い出はそれですから（笑）。

オークラ　あの頃はしょっちゅう一緒にいたよね。

――いまは放送作家の形も、昔とだいぶ変わってきているじゃないですか。オークラさんの中では、自分の肩書きを誰も名乗っていないものにしたいという気持ちがあるんですよね？

オークラ　だから「放送作家」って言いたくないのよ。

――一括りにされたくないんですよね。じゃあ、いまはなんていう肩書きになるんですか？

オークラ　いろいろ考えたの。「脚本家」とかも言われたけど、べつに脚本家オンリーに縛られたくないし、監督業とか書きものもやりたいからいろいろと考えたんだけど、これまで日本にあった肩書きの中でいちばんピンとくるのが「ハイパーメディアクリエイター」だったの（笑）。

――アハハハハ！　自分がやっていることにいちばんしっくりきた（笑）。

オークラ　でもハイパーメディアクリエイターって名乗りづらくてさ（笑）。本来は放送作家ってもっと広く分類しなきゃいけないのに、俺らがやってきたこの20年間って視聴率を獲るためだけのアイデアマンになってるから。で、「放送作家の能力＝レギュラー本数」みたいになってるじゃん。べつに俺はこのジャンルだけでやってるわけじゃないし、もう少し違うカテゴリーで確立されていてもいいよなと思って。

――大きい意味では放送作家だけど、それぞれ違うよって。

オークラ　それで俺らがやり始めた頃の放送作家って、テレビ業界でもけっこうスター職業だったんだけど、いまは全然違うじゃん。いまはどっちかと言うとプロデューサーがスターで、番組自体が放送作家にアイデアを求めることが減ってきたもんね。

――そうですね。ネタ出しをして「うわっ、スベった。恥かいた……」ってことがなくなってきましたからね。この20年間、企画の尺度が「数字を獲れるか、獲れないか」で生きてきたから。

オークラ　それは俺らが若手だった頃とそんなに変わってないでしょ。そういう意味では腐敗してる世界だなと思う。だから若い子が入ってこなくなったじゃん。

「ダウンタウンが出てきた瞬間に『学校のクラスの2軍こそがおもしろいんだ』というイデオロギーを日本中に蔓延させた」

――そんな中でオークラさんは唯一無二のポジションを築くと。

オークラ　っていうのがいいなって。大井くんも近いとは思うけどね。

――でも、やっぱりオークラさんは書く人ですよ。ボクの職業の半分くらいは書いてないんですよ。それこそ格闘家の人たちを集めてきてオーディションをやったりとか、企画屋みたいになってきて。

オークラ　でも、そういう動きができるのもこの世界の魅力でもあるからね。

――まあ、そうですね。それでメシが食えるっていう。

オークラ　いまテレビ局が調子悪くなってきているから、テレビだけであちこちをたらい回しよりも、もう少し自分の得意技とかやっていることを前に出したほうがいいと思うな。俺もそれをやってるうちに、いまは別ジャンルの人からも話が来るからね。CMを撮ってくれないかとか。だから自分のスタイルを明確にしておいたほうが商売としては正解だと思うんだよ。

――自分の色をはっきりとつけるという。

オークラ　でも、この業界って色をつけようとしたり、ちょっと出ようとする人間の足を引っ張るのがあるじゃん。恐ろしい世界だなと思ってさ。

――いまでこそ、若手の芸人が「テレビに出ました」とか「YouTubeをやってます」ってなっても特になんとも思わないけど、一昔前の先輩芸人たちが幅を利かせていた頃って「なんやそれ、おまえ。出たいんか？　おもろいこと言えんのか？」みたいな感じになる雰囲気がありましたよね。

オークラ　あれは結局、人の芽を潰す作業にもなっていたんだよね。いいか悪いかは置いておくけど、それって企業がテレビCMをすることに対して「なにおまえ、自慢してんの？」って言ってるのと同じじゃん。それは違うだろっていうことだよね。

――セルフプロデュースは自慢じゃないだろってことですよね。

オークラ　この業界自体が20年くらいまったく動いていないか

ら、それだけ溜まってりゃ水も濁るだろうとは思う。そういう意味で、俺がちょっとこういう発言をすることによって、いまの時代のニーズでは脅威にはならないけど、「それ、15年前にオークラさんが言ってたわ」っていう人になろうと思ってる。そのときのために言葉を残しておこうと思っていて（笑）。

——アハハハハ。「この世界は腐ってる。いまの時代は濁ってる」と（笑）。

オークラ　マッコイの事務所でオナニーもしたけども（笑）。

——オナニーもしてたけど、いいことも言ってるなと（笑）。だからボクら作家も、人と違う格好をしてるだけでいじられるっていう時代がありましたよね。

オークラ　オシャレをしようとするだけでね。

——そうなんですよ。「なんや、ジャケットなんか着て。それでおもろいことが言えんの？」みたいな。

オークラ　そんなのが凄かったよね。いま考えたら恐ろしい時代だよね。

——ボクはそのへんの嗅覚には敏感なので、ジーパンとパーカーっていう絶対にいじられないスタイルの流れを作ったんですけど、それでもオークラさんはオシャレをしてましたよね（笑）。

オークラ　「あなたたちのそういうところがダメなんだと思うよ」みたいな（笑）。

――だけど当時のオークラさんは声が小さかったから（笑）。

オークラ　たとえ言い返したとしても、すぐにガッとやられちゃうんだけど。

――オークラさんはひとりだけオシャレで、テーラーに通っていましたからね。

オークラ　仕立てていましたから（笑）。

――プロデューサーとかディレクターに不良系の人が多かったから、なんでもいじられちゃうんですよね。

オークラ　もともとこの業界に入る人間自体がイケイケの強い連中で、明るいヤツがお笑いをやって、暗いヤツはやらないっていう。とんねるずの時代とかは裏方もちょっとオラオラだし、イケイケの人が多かったんだよね。でも俺らの世代でダウンタウンというのが出てきた瞬間に、それまでまったくなかった「学校のクラスの2軍こそがおもしろいんだ」というイデオロギーを日本中に蔓延させたから、そこに「そうだー！」って俺らみたいに啓蒙された人間が一気に増えちゃったんだよ。

――たしかにそうですね。

オークラ　だけど、そうなると少しずつお笑いがオタク化してくるんだよ。とっぽい人がだんだんと減ってきて、凄いオタク系の人が増えてきたっていうイメージがある。やっぱり90年代初頭にダウンタウンの啓蒙を受けた人かそうじゃないかっていうのは、けっこうデカいと思うよね。あと俺は昭和48年生まれで、俺らの世代って人口も多いんだよ。

——第二次ベビーブームですね。

オークラ　俺らが興味を持ったことが意外にも日本経済を動かすわけですよ。だからお笑いに興味を持った俺らの時代って、バンドよりもお笑い芸人が急激に増えたし、センスのある人も増えた。ブラマヨもそうだし、バナナ、アンタッチャブルとかがその世代なんだけど。

——不良系から文化系へ。いまはオラオラの不良自体がそんなにいないですもんね。

オークラ　だから朝倉未来とか、「まだこういうヤツがいたんだ」っていう。絶対に負けを認めないじゃん。あの人、「試合に負けてうれしい」とか言ってたでしょ？　負けてうれしいだなんて、この現代バラエティの歴史の中で言うかと思って（笑）。

「来た仕事を全部やると逆に全部が薄口になっちゃう。断ることによってブランディングされていくというのもある」

——この職業についたとき、メシが食えるかどうかとか、将来どうなるか不安だなっていうのはありませんでした？

オークラ　それはめちゃくちゃあったよ。

——ボクなんかはずっとそれとの闘いですけど、でもオークラさんはもう不安とかないでしょ？

オークラ　もうないね。

——自分のやることをやっていれば仕事は来るだろうって。

オークラ　ただ、もっと自分のやりたいことをストレートに、100パー自分の作品だって言えるものを定期的に出せる場がもうちょっとほしいなと思う。

——それは舞台とかじゃなくて、もうちょっと大きなところで。

オークラ　たとえば映画監督とかだけど、映画監督っていうのはまったく儲からないし、いま俺が急に映画監督をやると言っても資本が1億も集まらないような気がしてさ。B級なやつなら撮らせてくれるだろうけど、だったら舞台でもいいってなるし、でも最低限はキャバ嬢とかが知らないような活動はしたくないっていう（笑）。べつにキャバ嬢にモテたいわけじゃないいんだけど。

——キャバ嬢とかにリーチしてなかったらムーブメントになってないだろっていう。それはインディー感を感じちゃうってことですか？

オークラ　俺がこの世界に入ったきっかけになるぐらい尊敬してる人は、シティボーイズの作家の三木聡さんなんですよ。俺はいまだに三木さんのことを尊敬していて凄いなって思っているんだけど、三木さんの作るコメディは深すぎて、それを理解するためには相当の笑いのリテラシーを必要とするので、自分のまわり、後輩とか若い人たちで三木さんとその作品を知っている人がほとんどいなくって、三木さんほどの才能ある方が、それを突き詰めてもマニアックとジャンル分けされてしまうなら、三木チルドレンとしてはその道を追うことはたぶんダメなんだろうなと思ってきて。

――好きだから狭く行けばいいやってことではないと。

オークラ　ただ狭いやり方でも、ときたま確変が起きるときもあるんだよ。そこは狙っていきたいよね。俺、1打数1安打はないと思ってるから。バチッと当たったヒットの前までに絶対に伏線はあるの。そのためには打席にいっぱい立ってなきゃいけなくて、ヒットが評価されたら過去のものも全部評価されるから。でも、いまはまだまだフワフワしていて、やっぱりちょっと放送作家的な部分もあるし。

――オークラさんって普通に仕事を断りますよね？

オークラ　めちゃくちゃ断る。

――その断る怖さってないんですか？

オークラ　あるけど、たぶん断ってもどっかの番組で超一生懸命にやっていれば、それなりにまた来るなっていうのはあって。来た仕事を全部やると、逆に全部が薄口になっちゃうんで。あとは「断ることによってブランディングされていく」っていうのがあって。

――やっぱりボクなんかは「本数＝能力」っていうのが、いまだにうっすらとあるんですよね。

オークラ　俺たちの時代はみんなそうじゃん。

――だから来た話は全部受けなきゃいけないのかなと思ったり。正直、気持ちが入らないようなのはやめたいんだけど、「それでもやっておいたほうがいいんだろうな」でやっている部分はあるんですね。でもオークラさんは、あえてそういうものを削ることでブランド化するっていう。

オークラ　もう1個言えるのは、いつか来るべきチャンスのためにちゃんと作業時間を作っておかないといけないじゃん。

――片手間でやっている時間をなくすという。

オークラ　やっぱりほかと差別化する唯一の方法って、「書ける時間」と「どこまで練ったか」しかないから。おおまかなおもしろさって、そこそこ才能のある人なら作れるんだよ。「なんでそこと評価がそんなに変わらねえのかな？」って思うときもあるけど、手間をかけてそこまでやったというのを繰り返していくと、いつの間にか微妙な差がどんどん出てくるから。場を与えられたときにそのクオリティまで押し上げることができるかどうかは、やっぱり時間をかけなきゃできないから。

――ボクらは放送作家業だから、「書いて、渡して、おしまい」っていうのが多いので、なかなか時間をかけるということを体感できていないところがあるんですけど、やっぱり出すときにはケツまでしっかりと面倒をみるっていう。

オークラ　でも俺はいろんな作家に会ってきたけど、大井くんは個性ある系の作家のひとりだと思ってる。コントを書ける放送作家で言えば三本の指に入ってるよ。

――いやあ、それは……。最近は書いていないから凄くコンプレックスになっているんですよ。

オークラ　そうなの？　全然わかんないよ。

――「書ききれていないな」と思っていて。でもオークラさんにそんなことを言っていただいて、いま「ちゃんと何かを書かなきゃな」って反省しましたよ。たぶん、この気持ちも数日で忘れると思うんですけど（笑）。

オークラ　アハハハハ。たしかにコントは書かないと腕は落ちるんだけど、芯がある人は書いていくうちにまた取り戻すから。芯のない人は全然おもしろくないし、世の中はほぼ芯のない人ばっかりなので。ただボケてるだけの台本だけだとまったく魅力的じゃないというか。

――今後、こうしていきたいっていうのはありますか？

オークラ　今度、自伝みたいなのが発売されるので、それをドラマ化したいっていうのはあって。あとは『ドラゴン桜』が終わった頃、バラエティ作家としてだけではなく、脚本家としても見られるようになるので（笑）。ドラマの企画もやりやすくなるかもなので……。

――なるほど（笑）。ＴＢＳの日曜劇場ですからね。

オークラ　いまは暗に「バラエティのヤツが何をしに来たんだ？」っていう雰囲気もあるんだけど（笑）。

――あっ、そうなんですか？　アウトサイダーからやってきた朝倉未来と一緒ですね（笑）。このコーナーは「大井洋一の冗談じゃない!!」っていうタイトルなんですけど、最近オークラさんが「冗談じゃない!!」と思ったことはなんですか？

オークラ　いっぱいあるけど、なんだろうな？　いちばん思ったのはこれも言っていいのかな、大井くんも仕事してるテレビ制作会社シオプロが作ってる『バナナサンド』って番組があるんだけど。それの若手の芸人のネタコーナーがあって、そのネタの打ち合わせを俺がやってるんだけど、こっちもいろいろな芸人さんのネタを書いてきた自負があるから、芸人さんにネタを丸投げという形は嫌だし、ほかのネタ番組とは差別化していきたいという思いもあって、それで芸人に『こんな感じのネタをやってほしいんだけど、そこから自由にいじってもいいよ』っていう叩き台みたいなのを作ってプレゼンしに行ったんですよ。そうしたら若い芸人から「ふうん……。でもここをこうしたいんですよね～」って反論されたときに「おい、俺は日曜劇場の脚本家だぞ！」って（笑）。

――アハハハハ！「ナメんじゃねえぞ！」と（笑）。

オークラ　そのときは「冗談じゃねえ！」とは思った（笑）。

オークラ
1973年12月10日生まれ、群馬県富岡市出身。
放送・構成作家。エッセイスト。
本名・河野良（かわの・りょう）。日本大学理工学部在学中の1994年よりお笑いコンビ「細雪」を結成（芸名はオークラ劇場）。その後コンビ解散と大学を中退して1997年頃よりコント作家として活動を開始。バナナマン、おぎやはぎ、アンタッチャブルらのライブに関わるようになる。以降、放送・構成作家として『JUNKおぎやはぎのメガネびいき』（TBSラジオ）や『JUNKバナナマンのバナナムーンGOLD』（同）、『バナナサンド』（TBS）、『関ジャニ∞クロニクル』（フジテレビ）、『ゴッドタン』（テレビ東京）など数多くのラジオ番組やバラエティ番組、ドラマの脚本を担当している。

大井洋一（おおい・よういち）
1977年8月4日生まれ、東京都世田谷区出身。放送作家。
『はねるのトびら』『SMAP×SMAP』『リンカーン』『クイズ☆タレント名鑑』『やりすぎコージー』『笑っていいとも!』『水曜日のダウンタウン』などの構成に参加。作家を志望する前にプロキックボクサーとして活動していた経験を活かし、2012年5月13日、前田日明が主宰するアマチュア格闘技大会『THE OUTSIDER 第21戦』でMMAデビュー。2018年9月2日、『THE OUTSIDER第52戦』ではTHE OUTSIDER55-60kg級王者となる。

坂本一弘

馬乗りゴリラビルジャーニー（仮）

第９回 ゆの郷の会議室で

構成：井上崇宏

（さかもと・かずひろ）
1969年3月4日生まれ、大阪府大阪市出身。
修斗プロデューサー/株式会社サステイン代表。

——最近、番外編が続いたので軌道修正しましょう。坂本さんは現役引退後、パチンコ屋に住み込みで働くようになるわけですけど、坂本さんのここまでの経歴をさかのぼると、その時代はかなり興味深いのですが。

坂本　そうかもしれないですね。ボクの人生の中で異質の期間ですよ。まず第一に初めて就職したっていう（笑）。前にも言いましたけど、あの頃はとにかく〝社長〟になりたかったんですよ。根拠もなく、とにかく社長になりたいと。その動機は2点あって、ひとつは修斗のチャンピオンになれたんだから社長にもなれるだろうという、この甘い考え。もうひとつは1000万あれば誰でも社長になれる。ボクを支えていた根拠はこのふたつだけ（笑）。

——まあ、いいふうに解釈すれば「修斗の証明」（笑）。

坂本　まあ、カッコよく言ったらそうですね（笑）。「1000万あれば誰でも社長になれる」というのが根拠で、その次に手段として住み込みでパチンコ屋で働くことがいちばん貯金ができると思ったんですよ。でもボクはパチンコをやったことがないので、どうなったらフィーバーなのかもわかんないんですよ。でも台に札を挿しに行かなきゃいけない。「おめでとうございます！」って。ボクは足が速いんですけど、みんなに負けちゃうんですよ。

——初動が悪いから（笑）。

坂本　挿し負けするんですよ。でも負けると腹が立つじゃないですか。それで観察をしていたら「そうか、リーチがかかっているときって電飾が凄くなるんだな」っていうことに気づいた。「あっ、そういうことだったんだ」ってだんだんとわかってきたっていう。それで上に社員寮があって、そこに住み込んでました。

——パチンコ屋の上が社員寮ですか。それって仕事のオンとオフの切り替えが難しくなかったですか？

坂本　いや、お金を貯めるという目的を成すための手段だから、これで一生っていうことではないじゃないですか。店長がゴールじゃなくて、とにかく1000万、たからなんだっていいんですよ。だからといって負けたくはないからキチンと仕事は覚え、ちゃんとやるというのは最低限の礼儀というか当然のことで。遅番と早番があって、店内はタバコで臭いし、ちょっと慣れるのには時間がかかりましたけどね。

——坂本さんがおいくつのときですか？

坂本　引退してそのままですから26じゃないかな。

——じゃあ、一般的に考えても初めて就職する年齢としてそこまで逸脱はしていないですよね。

坂本　だから早く引退したということの良し悪しみたいなのがあるのかなと思いますよね。佐山先生との間に誤解が生じたことによって自分は引退という道を決めたわけですけど、それがなくてあのまま現役を続けていたらどうなっていたのか。もちろんそれはわからないけど、いま考えると新たな人生に切り替えるタイミングとしては悪くなかったのかなと。

——たしかに。

坂本　決断の早さによかったかなと思います。ズルズルと30いくつまでやっていたら、どうしていたのかなっていうのは想像がつかないですけどね。

——社会的に、いまの30と当時の30って全然違いますよね。「30にもなって何をやってるんだ」みたいな。

坂本　でも、たぶんそうだとしても自分はへっちゃらだったんですよ。やるべきことさえあればへっちゃらなんです。だからパチンコ屋で働いてたって誰もボクのことなんか知らないですよ。でもボクのこれまでの人生で不必要なプライドはひとつもなかった。「なんで俺はこんなことをやってるんだろう？」とか「こんなはずじゃなかったのにな」なんて思ったことは一度もないんですね。だからある種、幸せですよ。首をかしげながらがんばっている人もたくさんいるわけで、「こんなはずじゃないのに」で毎日が過ぎ、1週間が過ぎ、1年が過ぎて、いつの間にか歳をとっちゃったっていう人が多いわけで。そういう意味では格闘技だろうがパチンコ屋だろうが、自分がやってきたことは全部つながってるのかなと思います。すべてキチンとやる姿勢というのも同じです。

——それってもともとの性分なんですか？

坂本　キチンとやろうとする性分はあったと思いますね。でも、キチンとやろうとしても狂うときってあるんですよね。キチンとならない、整えられないみたいな。そこで「整えられないからやめた」となるのか、「整えるまでやろう」となるかの違いじゃないですかね。ある意味では自意識過剰なのかもしれないけど、「誰かが見ている」と思ってやるんですよ。たとえば佐山先生がどこかで見ているかもしれないと思ったら、練習で絶対に手を抜けないんですよ（笑）。

——パチンコ屋にはどれくらい勤めていたんですか？

坂本　それがですね、ボクはものの半年もしないうちに修斗に戻っていますから。4月くらいから始めて、一生懸命やっていたんですよ。月20万くらい貯金できますし。

——その歳で月に20万貯金！

坂本　上に住み込んでいたらお金を使わないんですよ。食事もついていたし。でも半年くらい経ったときに龍車グループの石山重行会長から「ちょっと来い」と呼ばれまして、大宮のゆの郷に行ったんですね。そうしたら会議室に石山会長と中村晃三オーナーがいたので「なんだろうな?」と思っていたら、おふたりで「どうする? どうする?」って話をしているんですよね。内容はよくわからないんだけど、「最後まで面倒をみるって言ったらやっぱりみなきゃ」とか「いろいろ無理だよ」みたいなやりとりをしてるんですよ。それをなぜボクに聞かせているのかがわからなかったんですけど、そこで「佐山さんがプロレスをやると言ってるけど、坂本はどう思う?」って。

――あー。

坂本　それで「どう思うって、先生がプロレスをやるっておかしくないですか?」って答えたんですよね。ただ当時、先生には先生の事情があったわけで、いまになってみれば「ボクらが単純に無用な感情を振りかざすことが果たしてどれだけ正しいことなのか?」って思いますけど、それが正義かどうかすらもわからない状況でした。とにかく、そのときはその気持ちが正しいと信じていた。三茶のジム時代に「UWFから誘いがあるけれど俺は行かないから」って言ってくれたことをボクはカッコいいなと思ったし、「俺らが先生の理想を実現しなきゃな」とも思ったし。なので「プロレスをやるのはおかしいんじゃないですか」って。それでだんだん自分の中で変なアドレナリンが出るというか、これは一大事だと。

――とんでもないぞと。

坂本　そうしたら中村オーナーが「でも坂本ね、佐山さんは何をやっても食っていけるよね。タイガーマスクがあるんだから。だけどおまえらはそうじゃないだろ。どうする?」って言うんですよ。「どうするって言われても、いま俺、パチンコ屋なんだけど……」って心の中で思いながらも、そこから話がどんどん違う方向に行って。

――シューター坂本という前提で話をされたわけですね(笑)。

坂本　「坂本さ、べつに佐山さんについていくって言うんだったら俺らはそれでいいんだよ。でも佐山は食っていけるけど、おまえらはたぶんダメだぞ」って言われたときに「まあ、それはそうだと思います」と。そうしたら石山会長が「俺は関わった以上はおまえらの面倒をみたいと思ってる。ただ、それでどうしたらいいのかっていう答えが出てないんだよな」って言うんですよね。そして「坂本さ、おまえどうする?」って。

――呼ばれた理由はそこですよね。

坂本　だんだんと話をしているうちに、風向きがこっちに来ているのは読めるじゃないですか。あのおふたりがボクの目の前で30分も1時間も話し合いをしていて、ボクに何を求めているのかが徐々にわかってくるというか。「俺はいいんだよ。べつにおまえたちが佐山さんについて行っても」っていうひとつの方向性を示しながらも「おまえ、どうする? 俺らはどっちでもいいんだよ。でもおまえらは路頭に迷うよ。ジムもなくなっちゃうし」という風に誘導しているわけじゃないですか。そのときはボクにも怒りの感情があったし、若さもあったりして「先生がプロレスをやるのはどう考えてもおかしいよな……」となって、ついに「先生がいなくなられるんでしたらボクが修斗をやります」って言ったんです。佐山先生がいらっしゃるならボクなんかがでしゃばるというか、運営なんてできないじゃないですか。おこがましいというか。そうしたら「じゃあ、坂本がそう言ってるんだから、これでいいんじゃないですか」ってなったんですよ。あまりにも即決だったので「えっ？」と思いましたけど。

――「ボクが修斗をやります」は本心であり、その場の空気を読んだという部分もあった感じですかね。

坂本　たぶん、ある一部分はあのおふたりの出来レースだったと思うですよ。佐山先生を外すためというか、おそらくこれ以上、佐山先生に投資することは無理だったんだと思います。

――そこで終わりを模索していたわけですね。

坂本　あのときの真意をボクは確かめていないのでわからないですけど。

――じゃあ、プロレスをやることを問題視していたわけでもなかったかもしれない。

坂本　佐山先生の中でも金銭的に大変だったところもあったでしょうし、そこでプロレスの需要というのが100パーセントあるわけですよね。じつはそれを促したのは石山会長だったかもしれないじゃないですか。「プロレスをやったらいいじゃないですか。先生、稼いできてくださいよ」みたいな。とにかくボクは「先生がいないのであればやります」って言った。それはある意味、佐山先生を辞めさせたということにも繋がると思うんですよ。

――その場にいなかった人たちからしたら、そう思ってしまうかもしれないですね。

坂本　石山会長は「俺はどっちでもいいんだけど、みんなが路頭に迷うことはないようにはしたい」と一貫しておっしゃっていて、でもそこでの選択肢はふたつなんですよ。みんなが佐山先生についていくのか、それともみんなでがんばって修斗を続けられるようにするのかっていう。そこで「続けるのなら面倒をみるよ」という石山会長の判断もあった。それとボクが呼ばれた意味というのも絶対にあるわけじゃないですか？　すべていま思えばですけど、ほかの誰でもなく、自分だけが呼ばれたのは何か意味があったんだろうなと思います。あのおふたりがボクを呼んだ時点では決めかねている部分もあって、「坂本に決めさせよう」「アイツがやるって言うんだったらやらせてみましょうよ」「先生がいなかったらコストもそんなにはかからないでしょう」みたいなことだったんじゃないでしょうか。

TARZAN by TARZAN
ターザン バイ ターザン

TARZAN YAMAMOTO

INTERVIEW SERIALIZATION

はたして定義王・ターザン山本！は、ターザン山本！を定義することができるのか？「俺はそういう行為に臨むとき、緻密な戦略を練ってデザインするというか、俺なりの設計図があるわけですよ。普通のサイズと特大サイズの2種類のバイブを持っているので、まずは普通のやつで試しながら、次に極太っていう二段殺法ですよ！」

VOL.022

絵　五木田智央　聞き手　井上崇宏

第二十二章

前戯王

「俺は20年以上も前から下半身は不能なんですよ！ でもそれは俺はとって凄いラッキーだったんよ」

――山本さんはいま74歳でしたっけ？

山本　今年の4月26日で75ですよ！　ちょうど、こないだ立石駅前の俺が通っている渡辺整骨院の先生に言われたんだけどさ、「75歳がひとつの大きな壁になる」と。75からグッと落ち込むというか、老化するというか、下降するというか、変化することがあるから注意したほうがいいよって言われたんだよね。

――75歳の壁。

山本　5年ごとにあるらしいんよ。65、70、75と。それで75は65、70よりもさらにハードルが高いと。それまでは自分でコントロールできる過程なんだけど、身体はそれを裏切っていくらしいんよ。

――その壁がまもなくやってくるわけですね。

山本　そこの整骨院には右ヒザの治療で行ってるんだけど、先生は俺の全身を治療するんよ。だから20分で終わるところを90分とか2時間やられるときもあって。しかも思いっきり電気治療とかいろんなことをやられるから、痛くて痛くて仕方ないんだけど、そこで「痛い」って言ったら手を抜かれるから、めちゃくちゃ我慢して歯を食いしばってこらえるんよ。そうしたらさ、急激な運動をすると明くる日の朝に疲れが残るじゃない？　あんな感じに2日間ほどなるんよ。

――大丈夫かな（笑）。そこはどれくらいのペースで通ってるんですか？

山本　1週間に1回とか2回。治療後は2日落ちるんだけど、揺り戻しの回復が凄いんですよ。心地いいわけですよぉ。

――じゃあ、いまは渡辺整骨院に通っていることが元気の秘訣なわけですね。

山本　元気を維持してるんよ。渡辺さんのところには木村健悟も通っていたらしいよ。先生の弟子の人もいるんだけど、その人がめちゃくちゃプロレスが好きで、いろんな情報を知ってるんですよ。たとえば俺に教えてくれたのは「木村政彦さんが力道山と同じく三ツ矢サイダーが好きだった」とか。とにかく渡辺整骨院に出会えたことが俺にとってはラッキーだったというか、運命というか。

――たまたまの飛び込みですか？

山本　駅前を歩いていたら、その弟子の人に声をかけられたわけですよ。それで「キミは何をやってるの？」って聞いたら「整骨院で働いています」と。それで出会ったんですよ。立石ってさ、10メートル置きくらいに整骨院があるんよ。町全体が高齢化社会だから。

――石を投げれば整骨院に当たる（笑）。

山本　居酒屋はどんどん潰れるけど、整骨院は潰れないんですよ。患者はおじいちゃん、おばあちゃんで年齢層が高い人だらけでね、みんな足が痛いとか、腰が悪いとか言ってる。

——山本さんはいま持病はいくつあるんですか？

山本　糖尿と肝臓のふたつですよ。それ以外は健康だね。べつに尿酸値も高くはないし。

——右ヒザはどうして悪いんですか？

山本　去年の暮れに大相撲を観に両国に行ったとき、マス席の段差に気づかずに足を引っ掛けてしまって、バターンと滑り込んだときにヒザを強打したんよ。

——危ないですね。

山本　そのときは何も痛くなかったんで安心していたら、2、3カ月後に痛みが出てきたんよ。

——その時差もちょっと怖いですね。それで山本さん。ここからはちょっと声のトーンを抑えめでお願いしたいんですけど、あっちのほうは元気なんですか？

山本　性的なほう？（大きな声で）いや、俺は20年以上も前から下半身は不能なんですよ！

——そこでなんで逆に声が大きくなるの（笑）。

山本　具体的に言うと、28年前に糖尿病になった時点からですよ。糖尿病になると末端神経が不能になるんよ。目にくるか、足にくるか、おちんちんにくるかだから。週プロを辞めたのが50歳のときで、その3年くらい前からそうだったね。

——糖尿病になって要は勃起しなくなった？

山本　うん。でも俺はそれが凄いラッキーだったんよ。勃たなくなったことによって、俺は完全にあきらめることができたんよ。そこにまつわる幻想とか欲望とかが必要なくなったわけですよ。

——いつなんどき、仕掛けてこられてもいいという緊張感から解放されたわけですね（笑）。

山本　だって刀が使用不可能なんだから、俺は男として不良品になったわけですよ。それだったら、それ以外の人生を生きていけばいいじゃないかっていう考えになったわけですよ。その部分での欲望はもう機能しないんだから、それは完全に捨てて、別のところで人生を楽しむっていうことに向かってから、ひとつのストレスがなくなったんよ。

「男根と袋と精子が三位一体になっている場合は合理的な循環をするんだけど、男根が不能だとスムーズに機能しないわけですよ」

——面倒事がひとつ消えた。

山本　消えた！　しかも50歳を過ぎたらさ、現実的に若い女の人とか誰からも相手にされないわけですよ。そういう部分でも無駄な幻想を持たずに済んだという意味では凄くラッキーだったと思ってる。不能となった時点で新しい人生のスタートをそこから切り替えることができたのは俺にとってラッキーだったと思ってますよぉ！　みなさんは「まだ自分は現役だ、男だ」っていうのがあるから無駄な幻想を持ち続けているけど、下半身が使えないことよりも見向きもされないということのストレスのほうが苦しいわけですよ。

――そうなのかな。

山本　でもさ、俺は下半身が不良品ではあるけども、脳のほうはバイアグラだもん。

――「脳のほうはバイアグラだもん」(笑)。

山本　脳はフル勃起だから(笑)。もう凄いスピードで回転しているからね。そこにチェンジ・オブ・マインドしたわけよ。だから俺はリアルな性的世界観には縁がなくなったけど、脳内のバーチャルでは絶対的な自信を持っているわけですよ！　俺はバーチャル化したわけですよ。

――バーチャル・ターザン！

山本　いまは若い人たちの生活感もさ、実際のリアルな人生よりもバーチャルのほうにシフトチェンジしているわけよ。女の子も男の子もみんな。バーチャルが上位にランクしてリアルと逆転してしまったわけですよ。巨大なレボリューションが起きたんだけど、でもそれは正しいんですよ。実人生という引力の強い世界から解放されて、重力のないバーチャルな世界に行こうとなったわけですよ。だからアニメとかああいうバーチャルな世界が流行るわけ。まあ、俺はそういう若者とは別のところで、脳内がバーチャルになったというね。

――ボクにはまだ未開の領域なので、いろいろ教えてほしいんですけどオナニーはできるんですよね？

山本　これがおもしろくてさ、勃たないけども常に袋の中で精子は製造されているわけですよ。

――出荷はしないけど、工場でのラインは常に回っていると(笑)。

山本　回っていても出口がないというのは俺も頭の中で感じるんですよ。でも感覚的に精子が製造されているっていうのがわかるから、射精願望というのが起きてくるんですよ。それは勃たなくてもね。そう思って実際に自分でやってみると、伸びないし、硬くもならないけども、製造された精子は外に出たがっているから、フニャフニャでも精子は出るんですよ。

――へえー。

山本　でも、あくまでも男根は機能していないから、めちゃめちゃ苦しいわけですよぉ。

――苦しいんですか？

山本　要するに、男根と袋と精子が三位一体になっている場合は非常に合理的な循環をするんだけど、男根が不能だと精子が出ようとしてもスムーズに機能しないわけですよ。だからフニャフニャの中で出すということになると、出す瞬間がめちゃめちゃ苦しいというか、難産ですよ。あれは射精難産ですよ！

――ちょっとその苦しさの種類がわかりづらいんですけど、痛みがある感じなんですか？

山本　なんていうか、詰まった状態でガーッとひきつるんですよ。出たがっているのと出られないっていう、非常に相反することが起きていてキーッとなるんだけど。

――ガーッとキーッとなるんですね(笑)。

山本　そのときはAVを観るか、頭の中で妄想をふくらませるわけよね。あるいはAVの音量を大きくするとか。

——あるいは？（笑）。

山本　いや、俺は映像よりも音で興奮するから。それで自分を盛り上げていって、最後にマックスでガッと力を入れるとチョロ～っと出るんですよ。絶対に爆発的には出ない。

——しょうがない。

山本　さらに言うと、俺は朝起きてすぐがいちばんやりやすい状況なんですよ。ラジオ体操をやるかのようにAVを流してやるわけ。それでおもしろいのはさ、空きが3日とか、うっかりしていて1週間とか空けてると、やっぱり精子の量が多いんだよね。俺はかならずティッシュにどれくらいの量が出たかたしかめるから。

——視認すると。

山本　「出たな！」みたいな。年齢がいってるからもともと量はもの凄く少なくなるんだよね。ちょっとティッシュが湿ったな程度で。でも「出ているな。俺はまだ生きてるな」っていうさ。最後の一滴みたいなね。


「俺はハッキリ言って恋する乙女ですよ！

男から女になってしまったんよ。

だからモテるわけですよ」

——自分から話を振っておきながら、だんだん気持ち悪くなってきた。いや、ちょっと納得できないですねえ。脳内の妄想は凄いことになっている、そしていちおう射精もすると。本当にそっちのほうのあきらめはついてるんですか？
山本　いや、あきらめてるんだけど、俺の精子を作る陰嚢がさ、裏切るわけですよ。まだ生き残ってるんですよ。ならば出してあげなきゃいけないですから。おもしろいもので、そうして出すとまた製造されるわけですよ。細胞が死んだり生き返ったりするのと同じ行為が自分の中であるわけですよ。そういった意味で言うと、勃たないんだけど下半身は熱くなるわけですよ。うずうずしてくるんよ。だからそれを外に出さないことには健康になれないんよ。排出しないとさ。
——むむ。ちなみにオナニーの頻度はどんな感じなんですか？
山本　毎日ですよ！
——毎朝（笑）。
山本　毎朝！　そりゃそうですよぉ。俺の下半身のラジオ体操なんだから。ラジオ体操には第1、第2ってあるでしょ？　でも俺は第2まではいかないね（笑）。
——しょうもな（笑）。じゃあ、今朝も第1やってきたんですか？
山本　もちろんですよ。
——ネタはなんですか？
山本　AVですよ！
——しかもまさかのVHS？
山本　VHS。それがさ、ある出版社がAVの販売をやっているわけですよ。そのカタログみたいなやつがいつも俺のところに送られてくるんですよ。それがもの凄いページがあってね、3つ揃えたら安いとかさ、いろいろあるわけですよ。温泉モノだとか熟女モノだとか。それで3本買うと安くなって送料もタダになると。俺はいつもそれを利用しているわけですよ。

——ということは通販ですか?

山本　通販。電話で申し込むわけですよ。

——電話なんだ。だから、ちょっと高齢者向けのサービスなんでしょうね。

山本　それで宅急便で送られてくるわけですよ。そのときに代引きでお金を払うんよ。俺がいちばん買ってるのは、単体で60分とかのドラマじゃなしに、とにかくあのシーンだけのやつ。

——サッカーのゴールシーン集だ(笑)。

山本　20人、30人と次から次へとヤってるやつのほうが飽きないわけですよ。とにかく余計なドラマはもう必要ないと。そこだけでいいと。最後のシーンだけを観て興奮するんよ。それで「あっ、次はこれか!」みたいなさ。もう1本に100人が出てきて300分とかあるわけですよ。たまらんよ(笑)。

——インポのくせにめちゃ元気ですね(笑)。

山本　いや、そこだよ。しゃぶしゃぶとかステーキとかさ、肉を食ってると代謝がよくなるんですよ。だから歳を取ったら和食中心にとか、野菜をたくさんっていうのはウソだな。それだと生命力を失うよ。とにかく俺はひたすら肉を食ってる。肉、にんにく、しょうが。この3つを食っておけばコロナなんかにも絶対にかからないよ。しょうがで身体を熱くし、にんにくによって殺菌作用を手に入れ、肉によってエネルギーが貯められる。最強トリオ。コロナなんてあんなのは軟弱だから。

——それをいますぐツイートして、みんなから叩かれてください(笑)。

山本　全然しますよぉ!「おまえたちは肉を食ってないからコロナを恐れるんだ」とね。

——でもいくら不能とはいえ、山本さんってすぐに女性に恋をするじゃないですか。

山本　俺はハッキリ言って恋する乙女ですよ!

——乙女?

山本　俺はいま乙女ですよ!　男から女になってしまったんよ。だから乙女チックなんだよ。それでモテるわけですよ。最近も俺は告白されたからね。「大好きです」と。

——えっ!　告白された?

山本　男と女というのは現実的にはお互いに好きだという形があって、合意のもとに性的関係を重ねていくわけだけど、俺の場合はその性的な部分がないので、それとは別次元で俺のことを好きだという女性が現れてくるわけですよ!　それはもしかしたら男と女の関係じゃないところで好きだということになってるのかもわからんね。

——だって、こっちも乙女ですからね(笑)。で、その女性はどんな方なんですか?

山本　まあまあ、それはいいじゃない(照)。とにかくその女性が初対面で俺に一目惚れしたんよ。もうスイッチが入っちゃったわけ。さすがの俺もそういう経験があまりないんでビックリしたんだよね。

「言葉によって性的なスイッチを入れさせて脳を濡れさせる。そのための言葉を俺は持っているわけですよ」

――さすがの俺も。おいくつぐらいの方ですか？

山本　40過ぎの独身ですよ！　黒い服をよく着ていて、彼女の生き方とか性格、感覚が俺も好きなんだよ。要するに美人であるとか美人じゃないとかの次元を超えたところで好きなんよ。

――あっ、山本さんのほうも好き。まあ、人を好きになるのにルックスなんて関係ないですよね。

山本　関係ないっ！　彼女が持っている雰囲気、気配とかそういうものが合っちゃうと関係なくなるんだよ。だけど、そうだからといってバシバシ会ったりとかはしないし。まだ2回しか会ってないんよ。その2回目はここ（立石の喫茶店）に遊びに来たんだよ。

――それで一緒にお茶をして。

山本　向こうが俺に会いたいって言ってくるわけですよぉ。俺がそういうことを言われるのは極めて珍しいんよ。それで「じゃあ、まずは最初の段階としてボクがいつも行っている喫茶店で会いましょう」となって。

――まあ、たぶん最終段階もここですけどね（笑）。

山本　それが2週間くらい前の話ですよ。それで俺たちはLINEを交換したんよ。向こうは始終、俺にLINEを送ってきたいんだけど、俺にうざいと思われたくないからあんまり送ってこないんよね。だから「キミは例外だよ。たくさん送ってきてもいいよ」と言うんだけど、それでもなかなか送ってこないから、俺のほうからめちゃくちゃアピールしてる形になってて（笑）。

――山本さん、めっちゃ楽しそうじゃないですか（笑）。

山本　そう？（笑）。それでさ、俺は友人たちと一緒に大きな部屋を借りてさ、映画の上映会をやってるんですよ。そこで今度は昔のアンドレイ・タルコフスキーの映画を観る予定なんだけど、その会にその彼女も招待したんよ。誘ったらめちゃくちゃ楽しみにしてたよぉ。本来だったらふたりきりで会ってさ、一緒に『シン・エヴァンゲリオン』を観に行くとかすればいいんだけど、そうじゃなしに、あえてタルコフスキーの難解な映画を観せて、一種の実験というか、リトマス試験紙にして彼女の反応を見たいわけですよ。それと同時に「俺はこういう作品を好む人間だよ」っていうことをわかってもらわなきゃいけないからね。

――身上書的なやりとりをするわけですね。段階を踏みますねえ。

山本　普通だったらさ、そんな段階なんてのはどうでもいいやと。恋人ができたら即ヤリたいとかさ、性的関係になっちゃえばいいっていうふうになるんだけど、俺はそうじゃなく、そうじゃなくというか、俺はそれができないんだからそっちの方向に行くしかないんよ。

――たしかにそうですね。でもそれはそれでいいじゃないですか。

山本　だから俺は性的、肉体的な関係はできないけども、性的関係に変わるふたつのスペアがあるんですよ。それは言葉によって相手に性的なものと同じような快感を与えるというね。言葉によって性的なスイッチを入れさせて脳を濡れさせるというか。そのための言葉を俺は持っているわけですよ。あらゆる技術というかレパートリーを。まあ、言葉の詐欺師みたいなもんだよね。言霊力というか。

――そっちのタマはいまだ元気（笑）。

山本　それであの手、この手を使ってさ、女性のほうは振り回されてしまう。もの凄い言葉の性的テクニックによって相手を支配してしまうわけですよ！

――それが本当だとして、支配されるほうはそれで気持ちいいかもしれないですけど、言葉で支配するほうもその行為をすることで気持ちよくなっちゃうんですか？

山本　いや、言葉でイかしたとしても確かめようがないわけですよ。性的な合体じゃないから。こちらの頭の中で確信を得る、手応えを掴むという想像の中でまた楽しめるわけですよ。

――なるほど。「いま、イッたはず！」って（笑）。

山本　そうそう。そういうときはね、目が濡れてくるんですよ。

――目が。

山本　それはわかるんよ。目の瞳孔というか瞳が性的にガーッと興奮してくるんよ。ノーマルな状態だった瞳がグワーッと生命力を出してくるんですよ。

――インポになってからはずっとそういうことをやってきたんですか？

山本　言葉で性交するんですよ、俺は！　でも、それだけだったら彼女たちは満足できないじゃない。

――まあ、個人差はあるでしょうけどね。

山本　俺がターザン山本という変わった男であり、普通の人間ではないということで、最初からハードルが高いわけですよ。そこでいきなり俗っぽい性的関係に持っていくということは、彼女たちにとっても望んでいない展開というか、それだと普通なわけよ。彼女たちは最初から俺を別次元の人間だと考えているから。（小声になり）でもね、もし肉体的関係になるとして、お互いに裸になったら、それはそれで俺は自信があるんですよ。

「俺のような不良品は、クンニ技術を500パーセントまで高めないといけないという事実があるんよ」

――えっ、どういうこと？

山本　（急に立ち上がり）俺は前戯の帝王ですよ！　前戯王ですよ！

――遊戯王みたいに言わないでください。それはもともと前戯王だったわけじゃなくて、もうムーンサルトを飛べなくなったから、じっくりと足攻め、腕攻めをするってことですか？

山本　自分はもうムーンサルトも飛べないし、空中殺法もできませんよ。だから密着系の関節技をやるんよ。組み技系と言い換えてもいい。

——ネチネチといくんですね。

山本　そこでは指の技術と舌の技術が必要になってくるんよ。触るということと舐めるということの二刀流でいくんよ。

——白昼、身振り手振りで説明するのやめてもらっていいですか。

山本　それで大人のおもちゃを買ってきたりもするわけですよ。いろいろ道具をね。

——凶器攻撃だ。それもある意味、バーチャル・ターザンじゃないですか。

山本　バイブとかローションとか、さまざまな道具を選りすぐって自分のひとつの手段として買ってくるわけですよ。でも残念ながら、俺はそれを試したことがないんよ。

——えっ、買っておきながら？

山本　俺はそういう行為に臨むとき、緻密な戦略を練ってデザインするというか、俺なりの設計図があるわけですよ。でも、そういうバイブとかを実際に試そうとするのは、ちょっと恥ずかしいんじゃないかとか、相手に対して失礼なことなんじゃないかと、俺は二の足を踏んでしまうんですよ。自分の中で制御しちゃうんよ。でも、どうしても試してみたいっていう自分もいるわけよ。

——ひとりでせめぎ合いをしているわけですね。じゃあ、道具のストックはあるけど使ったことはないと。

山本　そうそう。

——そういう行為をするときはどちらに行くんですか？

山本　もちろんラブホテルですよ！　ラブホテルしかないですよ！　ほかにどこがあるんだよ！

——いや、自宅とか相手の家とかって可能性もあるじゃないですか。

山本　ダメダメダメ。俺は一緒に大きな風呂に入りたいんよ。女性と一緒に泡風呂に入ったりするのが大好きなもんで。

——大好きなもんで。そこで道具を忍ばせつつ、やっぱり使わないという行為を繰り返してるわけですね。

山本　普通のサイズと特大サイズの2種類のバイブを持ってるんだけどね。まずは普通のやつで試しながら、そのあとに極太でやるっていう二段殺法ですよ！

——でも使ったことがないんでしょ？

山本　使ったことはない。そこで俺が繰り出す必殺技はなんだと思う？

——はい？

山本　クンニですよ。

——クンニですか。

山本　俺のような不良品は、クンニ技術を５００パーセントまで高めないといけないという事実があるんよ。集中的に最高レベルまで持っていかなきゃいけない。

——知るかっ（笑）。山本はもうクンニレベルを最高にまで持っていけてるんですか？

山本　俺の中ではもう最高でできてる。だから電マは必要ないんよ。あくまで電マは最終的な手段であって、最高のクンニができる俺には必要がないんよ。この舌で口撃さえしていれば。要するに電マをクリトリスにあてると最高に興奮するということはAVとかを観て研究した結果、俺にはわかっているわけ。あるいは挿入している状態で、女性が自分でクリトリスを触ってイッちゃう人もいる。そのことも俺は研究により知っている。でも俺のポイントはそこじゃない。どういうふうにクンニをすれば女性はイケるのかっていう、その一点だから。そりゃ技術も最高レベルにまで進化するよね。これは自慢とかじゃなくて事実を言ってるだけだからね？

——よっ、クンニ名人！（笑）。

山本　でね、俺はある女性からこう言われたことがあるんですよ。「山本さんのことは私の人生の中でも最高にリスペクトしている存在です。でも男女関係とは別です」とね。その通りだなと思って。だいたいそのパターンが正しいなっていうのは俺にもわかってる。わかってるんだけど、自分の中でまだ性的関係というコミュニケーション自体を捨ててはいないんですよ。

——やっぱり（笑）。

山本　できたら、そこは両立させたいっていう気持ちがあるんだよねぇ。

——尊敬とともに。

山本　ダブルスタンダードでいってほしいんだけど、向こうは尊敬するっていうワンスタンダードなので……。

——全然あきらめてねえ（笑）。

山本　尊敬することと好きだっていうことは重なってるんだけど、そこの隣に肉体関係というものも合致しないと俺はつまんないし、不満だよぉ。そりゃ俺だって男だから！　クゥ〜！（と帽子を脱いで頭をかきむしる）。

——それはそうですよね。

山本　女の人の裸を観るという視覚的な興奮、触るという触覚的な興奮、はたまた聴覚の興奮というさ、いろんなものがあるわけじゃない。それを「尊敬してます」とだけ言われたら、俺はショックを受けますよぉ。俺は肉体的関係から疎外されている、圏外なんかなと思ってさ。あるいは俺はスタートラインにも立てないのかっていうさ。「そうじゃないよな」って俺は思うんだけどな……。

ターザン山本！
（たーざん・やまもと）
1946年4月26日生まれ、山口県岩国市出身。ライター。元『週刊プロレス』編集長。
立命館大学を中退後、映写技師を経て新大阪新聞社に入社して『週刊ファイト』で記者を務める。その後、ベースボール・マガジン社に移籍。1987年に『週刊プロレス』の編集長に就任し、“活字プロレス”“密航”などの流行語を生み、週プロを公称40万部という怪物メディアへと成長させた。

［あらすじ］元プロレスラーのパンサーキッドことコンビニ経営者の伊藤直人は、ブラックバス女にバレンタインのチョコをもらうが間違えて石鹸を食べてしまう。ブラックバス女を狙うミラクルマスターから、ブラックバス女が男に飢えていると聞かされ戸惑うのであった。

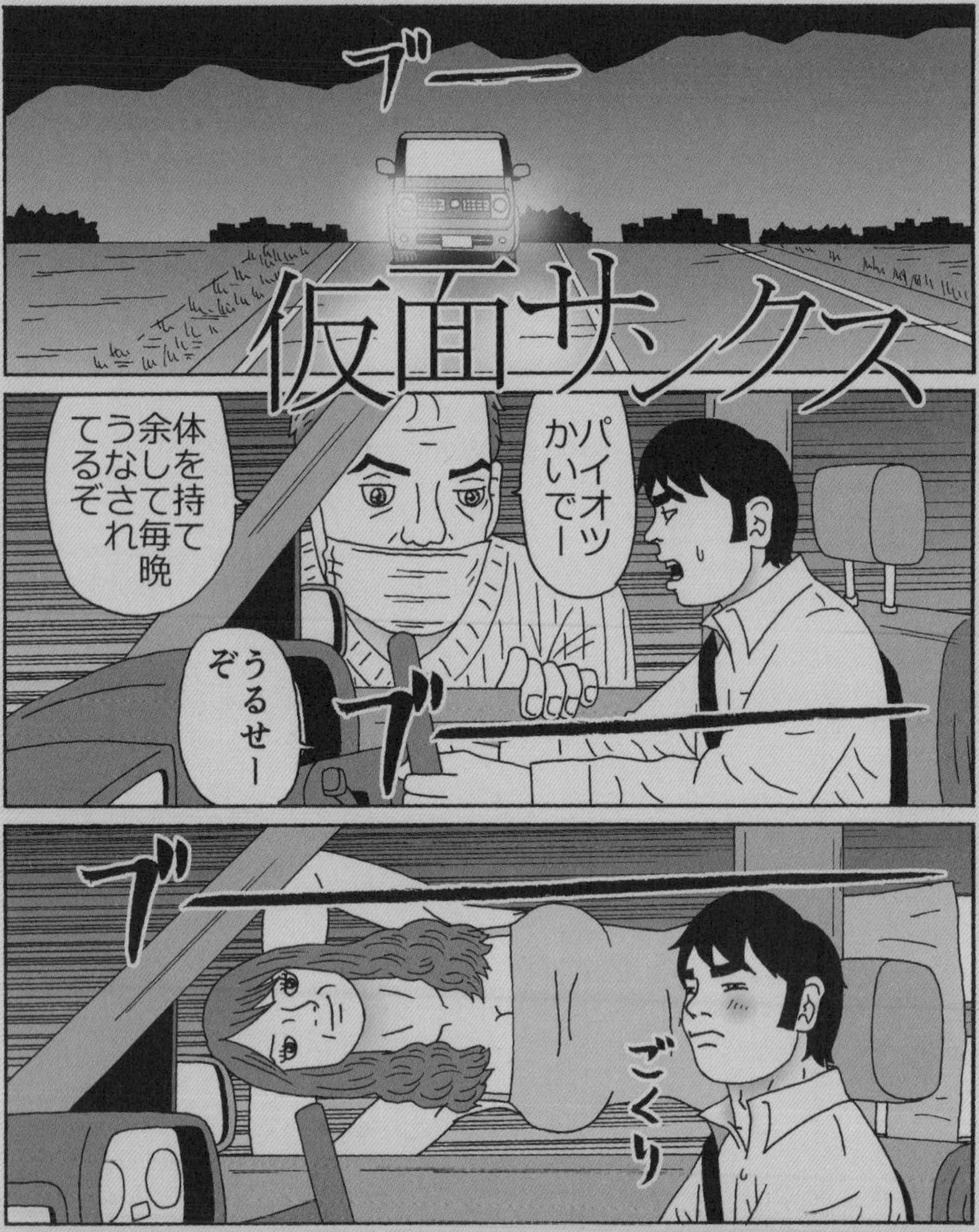

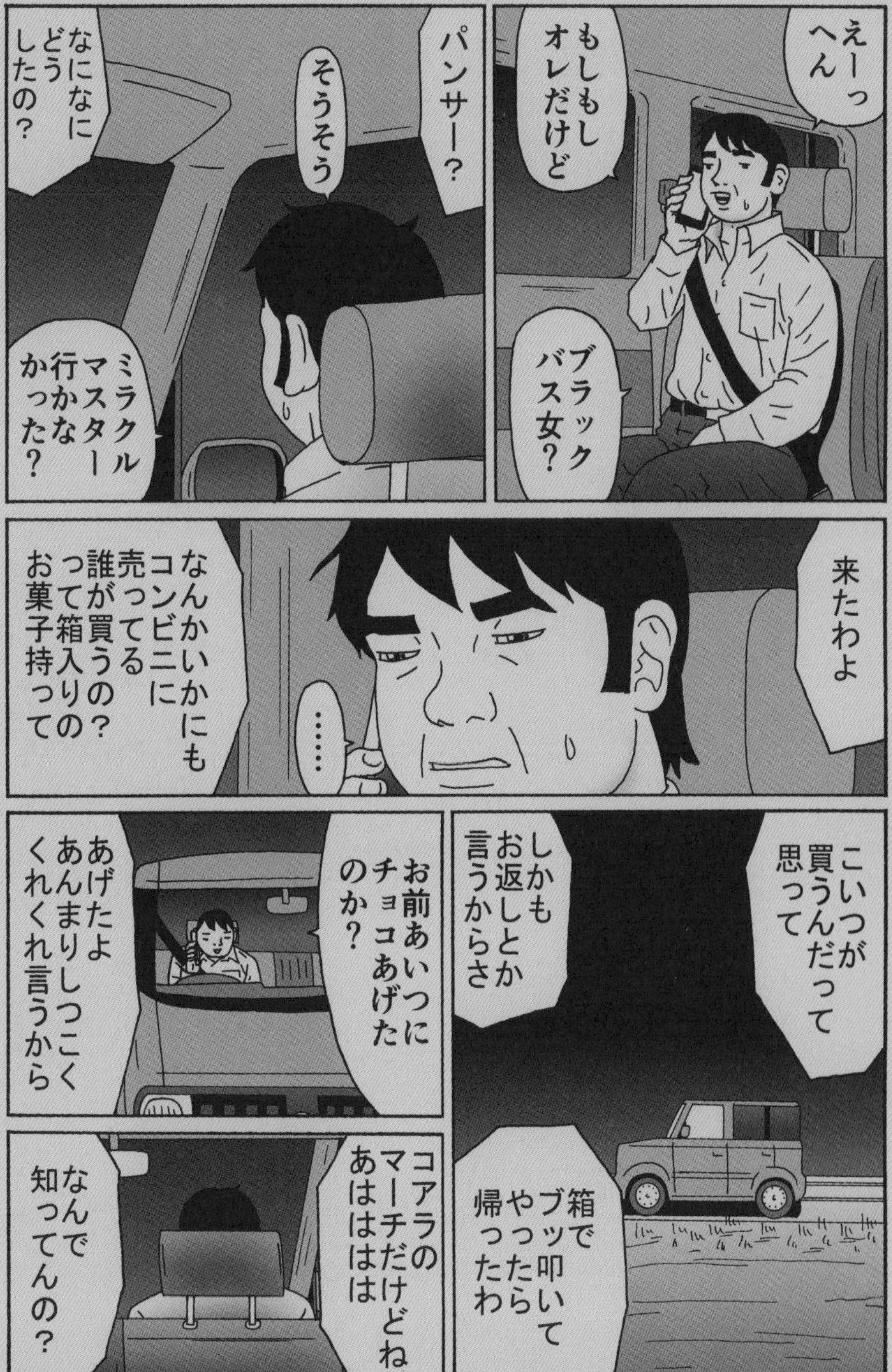
えーっへん
もしもしオレだけど
ブラックバス女？
パンサー？
そうそう
なになにどうしたの？
ミラクルマスター行かなかった？
来たわよ
……
なんかいかにもコンビニに売ってる誰が買うの？って箱入りのお菓子持ってて
こいつが買うんだって思って
しかもお返しとか言うからさ
箱でブッ叩いてやったら帰ったわ
お前あいつにチョコあげたのか？
あげたよあんまりしつこくくれくれ言うから
コアラのマーチだけどねあはははは
なんで知ってんの？

分かった
言いふらしてんだ
あの男最低だな
あ…あのさ
飯でも
食いに
行かないか
いいよ
行く行く
いつ？
ドッキン
!!
えっと
ガチャ
ななな
なに食べ
たい？
私が好きそう
なの選んでよ
わかった
どうしたの
急に
いいだろ
たまに
飯ぐらい
うろ
うろ

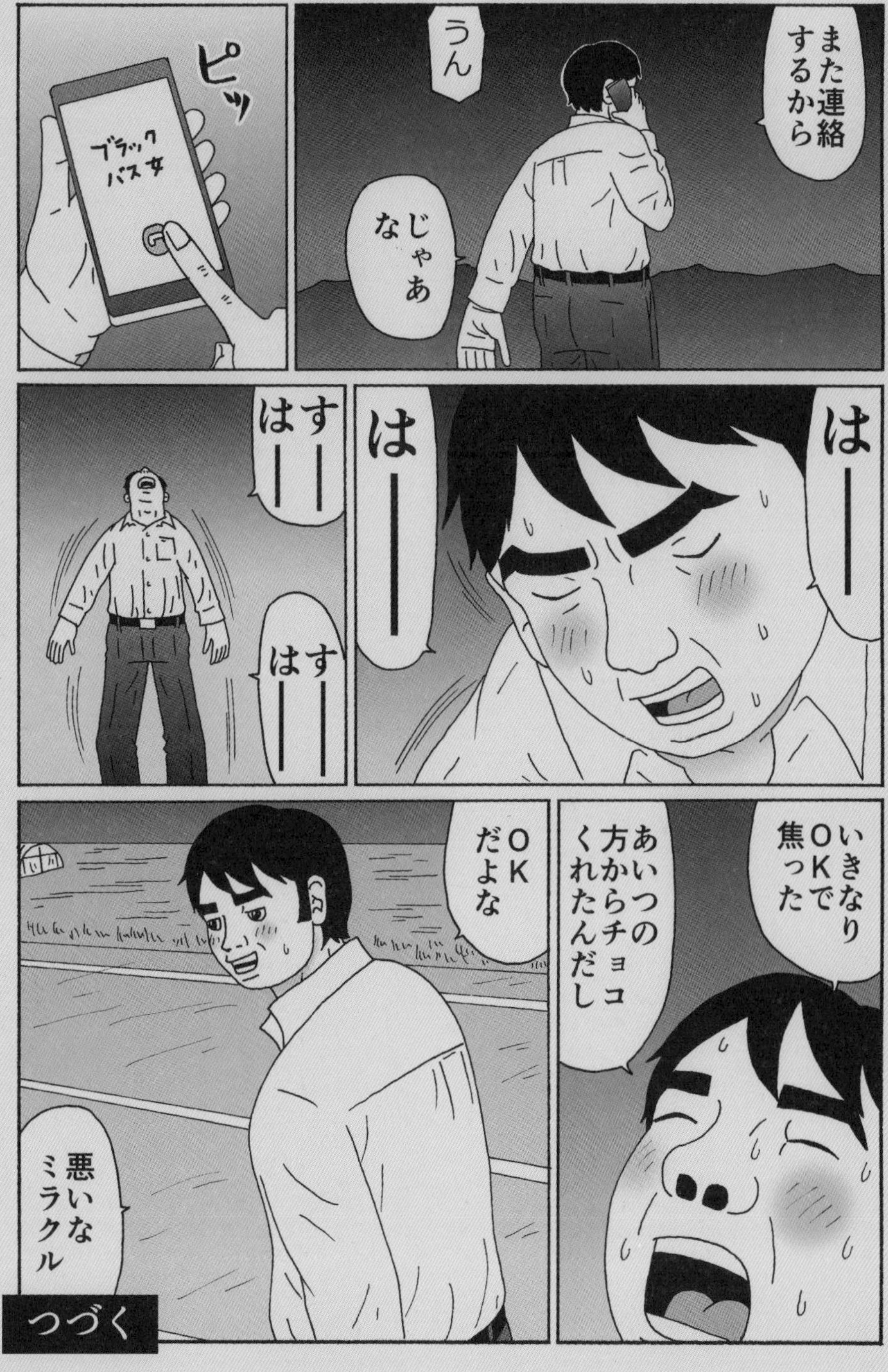

また連絡するから
うん
じゃあな
ピッ
ブラックバス女
はーーー
はーーー
すーーはーー
すーーはーー
いきなりOKで焦った
あいつの方からチョコくれたんだし
OKだよな
悪いなミラクル
つづく

KENICHI ITO

涙枯れるまで泣くほうがEマイナー

VOL.05

『浜崎 vs カンナ2』を観た

伊藤健一

(いとう・けんいち)
1975年11月9日生まれ、東京都港区出身。格闘家、さらに企業家としての顔を持つため"闘うIT社長"と呼ばれている。ターザン山本！信奉者であり、UWF研究家でもある。

3月21日に名古屋の日本ガイシホールで行われた『RIZIN.27』を生観戦した。それは私にとってひさしぶりの格闘技"観戦"だった。

なぜひさしぶりかというと、私はかれこれ10数年、選手のセコンドなどで毎週末はどこかの団体の興行に行っており、格闘技を見すぎてしまったために完全に飽きていたのだ。

セコンドで行く際は、会場に14時入りして興行終わりの21時すぎまで会場にいるはめになるし、それに加えてキッズレスリングチームの監督をやっていた時期もあるので、やがて日曜は朝から格闘技漬けとなった。

こんなこともあった。ある日、師匠の高阪剛から「ロシアの大会にセコンドに行ってくれないか?」と連絡があったのだが、さすがにロシアは無理と丁重にお断りをした。だが、その数分後にふたたび高阪さんから「ユーキが韓国で試合だ!」と来た。

"ユーキ"とは私の弟（伊藤有起）であるから韓国行きは了承したが、あとからわかったのだがその"ユーキ"は私の弟ではなく、ジムでたいして仲よくもない若者のことだったのだ（泣）。

「ユーキって言われたら自分の弟だと思うだろうがぁ～!!」などと、あの大きくて強い師匠に言えるはずもなく、私はそのよく知らない若者と一緒に韓国に行ったのだった……。

天然師匠のTKマジックを食らったのを最後に、ここ数年はすっかり格闘技興行から足が遠のいた。唯一、自ら進んで行くのは大井洋一が出場するアウトサイダー九州大会だけだ。

私にとってアウトサイダー九州大会は特別だ。試合は日曜なのにもかかわらず、前々日の金曜から博多入りし、中洲の夜を満喫する。

当日もアウトサイダーのスター・啓之輔や黒石高大と写真を撮ったり、勝手に計量を手伝ったり、前田日明の控室に突撃したりと、大井の試合が目当てというよりは、興行全体をアトラクションとして楽しませてもらっている。

もちろん、その10数年の週末格闘技生活

（以下、末格）があるからこそ、いまこうして『KAMINOGE』でもコラムを書かせてもらっているのだし、かなり前から朝倉兄弟の強さを知れたり、特に海選手は「堀口級の逸材」と昔から思ってもいた（まさか堀口選手と闘って勝つとは思わなかったが）。

末格にはそんなプラス要素もあれど、失ったモノもかなり大きかった。末格から自由の身となった私は、その時間を使って英語の勉強をしたり、メンズ美容にハマったりと、まるでOLのような週末を満喫している。

そんなOLマインドの私が、なぜ重い腰を上げて『RIZIN.27』を観に行ったのか？

それは当然、RIZIN女子スーパーアトム級タイトルマッチ、浜崎朱加vs浅倉カンナを観るためである!!

チャンピオンである浜崎選手は20代の頃、かつて私が会員だった某スポーツジムで働いていて、そのときから「このコ、めちゃ強そう」と思って注目をしていた。

そして、なぜか弟も浜崎選手とは飲み友達で、弟は「アヤカ」と呼び捨てにしている。私といえば自分より強そうなのでいまだに「浜崎さん」と呼んでいるし、当然敬語で接している。

そんな奥ゆかしい私だが、浜崎選手をご自宅までクルマで送ったこともあるのだ！（詳細は本誌108号に掲載『2020年の伊藤健一』を参照あれ）。

そして一方の挑戦者であるカンナ選手。私は常々、シャンプーのCMには橋本環奈より浅倉カンナを起用してほしいと思っているほど、顔立ち、髪型、佇まいがすべての有名人の中でいちばんかわいいと個人的に思っている。

そんなふたりがタイトルを賭けて闘うのだから、私は名古屋に行かざるをえなかった。

下馬評では「浜崎圧勝」という声がほとんどだったが、私は意外と「カンナ選手が勝つかも」と思っていて、「序盤は押し込まれそうだが、そこを凌げばかならずチャンスはある」と予想していた。

実際、序盤は浜崎選手の強い打撃で押し込む展開になり、カンナ選手の顔も腫れてあわやドクターストップ寸前となるが、そこを乗り切った終盤は、完全にカンナ選手のペースになる。結果は判定2－1でチャンピオン浜崎選手の勝利。両者ともに実力を出し切った素晴らしい闘いだった。

熱戦に次ぐ熱戦で興行全体もよかったし、東京に戻る途中に「格闘技界のパワースポット」と言われる三島駅（各自調査）で井上編集長と記念写真を撮り、その画像を大井洋一に送ったりとひさしぶりの格闘技観戦を最後まで満喫した。

試合後に花道を失意の表情で歩くカンナ選手を近くまで見に行き、「やっぱりめっちゃかわいい!!」と興奮しながら井上編集長に報告すると、「おまえ、マジで気持ち悪いな」と完全に引かれてしまったが、とにかくここで私は「いちばんかわいいのはカンナちゃんなんだよ!!」と書き留めておきたいのだ。

でも浜崎さんにも嫌われたくないので（そもそも当コラムを読まないだろうが）、試合当日に浜崎さんにこっそりと差し入れをしておいた私は、ドしょっぱいのである。

今月はブレてしまった。UWF関連以外の私の原稿は非常におもしろくない。だが私からUを引き離すほどの強烈な魅力を放つ女性、それが浅倉カンナであると私は繰り返し書き留めておく。

マッスル坂井と真夜中のテレフォンで。

4/13

MUSCLE SAKAI DEEPNIGHT TELEPHONE

「地方ってね、東京の人からしたらみんな山場もないというか、取り留めもないような生活をしているんだけど、その地方なりのいいバイブスがあるっていうか。俺は生活をしていて、そんなに気分が悪くないんだよね」

「いま、いちばんオシャレな生き方をしているのがジャイアン貴裕ですよ」

——さっき東京に戻ってきたばっかなんですけど、きのう今日と1泊2日で和歌山に行ってたんですよ。

坂井　えっ、なんで和歌山？

——RIZINのYouTube企画で「ファイターたちと和歌山に行くから、賑やかしで一緒に来てくれ」みたいに言われて。

坂井　あれ？　和歌山ってことはジャイアン貴裕さん案件？

——そうだよ！　えっ、なんでジャイアンを知ってるの？（笑）。

坂井　いやいや、何を言ってるんですか。いま、いちばんオシャレな生き方をしているのがジャイアン貴裕でしょう。総合格闘家でありつつ、現在は和歌山でジビエ界の風雲児となっていることぐらい知ってますよ。正直言って、俺の中ではあこがれている人のひとりでもある。RIZINの会場でジビエの串焼きとかを出店したりしてたよね？

——なんでそこまで知ってるんだよ。大晦日の会場で鹿肉を焼いて売ったりしてたよ。

坂井　俺、あこがれてますから。彼はいま和歌山の古座川町というところで、狩猟で生計を立てているんですもんね。

——そう。奥さんの地元が古座川町で、子どもが生まれたことをきっかけに家族で移住して。それで現地で狩猟の免許を取って、来る日も来る日も捕まえた獣を捌いてるっていう。

構成：井上崇宏

坂井　彼は何歳なんですか？

――まだ30代前半だと思う。で、もっとジャイアンのことをあこがれさせてもいい？

坂井　教えてくださいよ。

――いま向こうで観光協会の副理事とかにもなってるんだよ。それで今回も古座川町とRIZINをくっつけたりしていて。

坂井　すげえ。だから格闘家のセカンドキャリアとしての成功例ですよね。しかもゼロからやってることだし。

――もうビックリした。山に行けば罠を仕掛けるし、川に行けばテントサウナを作ってくれるし、天然のうなぎを獲りに連れてってくれたりするし、宿泊は温泉宿だし。

坂井　いいなー。

――Wi-Fiもちょっと怪しいぞっていう山奥でね。俺なんかマジで行っても特にすることがなかったから、普通に癒されちゃって（笑）。その町は人口2500人とかで、しかもほとんどがおじいちゃんとおばあちゃんっていう。

坂井　ちょうど今日ね、俺も似たような話を人から聞いてたんですよ。新潟の離島の話なんだけど、佐渡島じゃないもう1個、粟島っていう島があって、そこは魚はいくらでも捕れるけど肉と菓子パンがないと。警察も消防署もないと。そういう人口300人くらいの島が新潟にあるんですけど、アウトドアをやろうにもクルマの乗り入れができないんですって。カーフェリーは住民以外は利用できないとかで。

――へえー。

坂井　それで俺の知り合いが、その粟島をどうやってPRしたらいいかとか、そういうコンサル仕事をやってるんでしょうね。「どうやったら島に人が来るかな？」みたいなことを聞いてきて。それで人口300人くらいのうち、そのほとんどが漁師さんなんですって。それと数十年前の地震で水質が変わっちゃってお米が作れなくなったりとかしていると。島ではちょっと意識高い若者がゲストハウスをやったりもしているんだけど、やっぱりクルマで入れられないのがネックだったり、コンビニとかもないし。食堂とか民宿、ゲストハウスは何軒かあるんだけど、とにかくほとんどの住民が漁師だから。冬場は雪で閉ざされちゃうからそんなに仕事もできないし、だけど魚だけは年中バカバカ獲れるから生活は豊か。ただ、肉と菓子パンがないんだと。

――そのさっきから言ってる「肉と菓子パン」ってなに？（笑）。

坂井　とにかく肉と菓子パンが手に入りづらいらしいんですよ（笑）。

――菓子パンって肉と並列なくらい大事？（笑）。

坂井　菓子パンはやっぱ大事じゃないですか。まあまあ、とにかく魚がめちゃくちゃ釣れるんで、その島に来るほとんどの客は釣り人なんですって。すでに釣り人たちの間では聖地みたいにはなっているらしく「ならば」と俺の知り合いは釣りを使った観光キャンペーンをしていきたいって言ってるんだけど、「そんなに島に若い人がいないんなら、まずは自分が住めばいいじゃん」って焚きつけておいたばっかだったんですよ。だから今日は、なんでみんなが同じタイミングで同じような話をするのかなと思って。

――俺、地方に移住したいとかはいまのところ特に思っていないんですけど、でもやっぱまったく景色が違うところに行くと、凄いリフレッシュできるというか。

坂井　弾丸で行ってきて、めちゃめちゃ疲

れてるはずなのに、英気が養われてるくらいでしょ?

——だって、肉も魚もあんなに獲れたての新鮮なものばっか食って、温泉にも入ってね。間違いなくおとといよりも元気ですよ(笑)。だから坂井さんには新潟というか、地方のリアルみたいな話をちょっと聞きたいなと思って。たしかに和歌山に行ってみて「ジャイアンのライフスタイルから学ぶことってありそうだな」と思っちゃったんで。

坂井 学ぶことはたくさんあるでしょ。なんだろう、ジャイアンからは凄く「ちょうどよさ」を感じるんですよね。もちろん会ったことも話したこともないけど、ずっと気になってる存在というか。あの人は俺が新潟に帰ったちょっとあとぐらいに、和歌山に移住したんでしたっけ?

——いや、4年前くらい。

坂井 あっ、まだそんな最近なのか。我が新潟もね、めちゃめちゃジビエが多くて、やっぱ俺もテレビのロケとかで行くんですよ。あとは実際の友達も何人か狩猟の免許を取ってたりしていて。狩猟の免許ってね、同時に「私は反社会的勢力の人間ではありません」っていうセルフチェックができるんですって。やっぱ猟銃を扱うから。

——ああ、バックグラウンドチェックが凄いんだよね。警察が近隣住民にインタビューしに行ったりとかして。

坂井 そうそう。だから「果たして警察は自分のことをどう見てるのか」っていうのが確認できるんですよ。たとえばちょっとグレーな人なんかは狩猟の免許が取れたことによって「あっ、俺は反社じゃないんだな」みたいな(笑)。

「実家の神社と編集の兼業をどうやったらスムーズにできるのか俺がコンサルしてあげますよ」

——で、坂井さんなりの新潟のリアルを教えてくださいよ。

坂井 いや、ちょうどこの2日間ね、俺は坂井精機の従業員40名の個人面談をやったところだったんですよ。40名すなわち40通りの人生を聞いたの。その人にいま支払われている給料のことだったり、この1年間はどういう生活をしているのかとか、どう考えても残業代とかはなくなっていて、こちらとしても昇給してあげられる材料がひとつもない中で、みなさんとどうやってちゃんと一緒に仕事を続けていけるのかとかを話し合ったりして。いちおう減給はないんだけど、残業代を当て込んでいる人たちは月10万くらいは減っているわけですよね。もちろん残業自体もないんだけど、手取りが10万くらい減っちゃうと、それを当て込んで生活設計をしている人と、していない人だとどうしても温度の違いとかが出てきたり。それで幸いにも、現状では給料何割カットとかそういう話をしなくてもいいんだけど、まわりの会社とかはバンバンそういうことが起こっているんですよね。だからちゃんと話を聞いてみようと思って、今回の個人面談をやったんですけど。

——ああ、偉いですね。

坂井 どっちかと言うと仕事のことよりも「いま、みなさん大丈夫ですか?」っていう話をしたんですけど、そうしたら当たり前ですけど、本当にそれぞれいろんな家庭や環境があって全員違うんですよね。ちょっと聞いていて喰らっちゃうような話もあったりとか。そんなときに友達から粟島の話を聞かされて、ちょっと状況が違いすぎるというか、同じ田舎でも違う国の話みたいだなって。「300人の島に40人の会社はねえよな」とか思いながら。

——いっそのこと、坂井精機が粟島に移転

するっていうのも全然違うし（笑）。

坂井　あのね、俺がこの10年間ずっと思い悩んでることを言ってもいいですか？

——なになに？

坂井　地方ってね、東京の人からしたら、みんな山場もないというか、取り留めもないような生活をしているんだけど、その地方なりのいいバイブスがあるっていうか、「俺は生活をしていて、そんなに気分が悪くないいんだよね」っていう（笑）。なのに、なんで思い悩んでるのかっていうと、そんな気分をうまく表現して伝えることがずっとできていないからなんですよ。

——あっ、でもわかる！　今回、和歌山にわずか1泊しかしていないのに、最後はちょっぴりジャイアンとの別れがさびしいっていうか、こっちがしんみりしちゃったわけ。それで「ジャイアンさん、楽しかったです。本当にありがとう。またね」ってときに、ジャイアンはこっちほどさびしくなさそうな顔をしていたんだよね（笑）。

坂井　そんなの俺からしたら当たり前の話ですよ（笑）。

——だからそのとき、「あっ、こっちでの日常がそれなりに楽しいんだろうな」と思って。

坂井　そうですよ。ジャイアンもそのあと家に帰ってすること、その次の日にやることっていうのが決まっているわけですから。

——それを瞬間的に感じてしまったというか。それでお土産をすげえ持たせてくれるんですよ。「えっ、こんなに!?」っていうくらい。

坂井　鹿のジャーキーとか？

——なんでわかるの（笑）。あとは梅干しとかフルーツジュースだとか。なんかそれを見ても、ああ、なんか心が豊かなんだろうなあとか感じちゃったりして。俺もお世話になったお礼にこっちからTシャツでも送ろうかなとか思うんだけど、胸にでっかく「ジビエ大作戦」ってプリントしてあるTシャツで十分だっていう顔をしてたしさ（笑）。

坂井　向こうはTシャツなんていらないからね。菓子パンを送ってくださいよ、菓子パンを（笑）。

——菓子パンはあると思うけどな（笑）。

坂井　俺の予想だけど、彼はいずれ町長になるでしょ？

——それ、俺も思ったんだよ。だから「ジャイアンさん、町長とか狙ってますよね？」って聞いたら「いやあ、そんなそんな」って言いながら散弾銃を磨いてたけど（笑）。だからさっき言ってた地方の山場のない、取り留めのない生活って、見方を変えたらなんとなく豊かな話だよね。

坂井　井上さん。ちょっと岡山に帰ることを視野に入れてきてるよね？

——いや、それはまったくないけど（笑）。

坂井　録音を切ったらね、このあと実家の神社と編集の兼業をどうやったらスムーズにできるのか、俺がコンサルしてあげますよ。

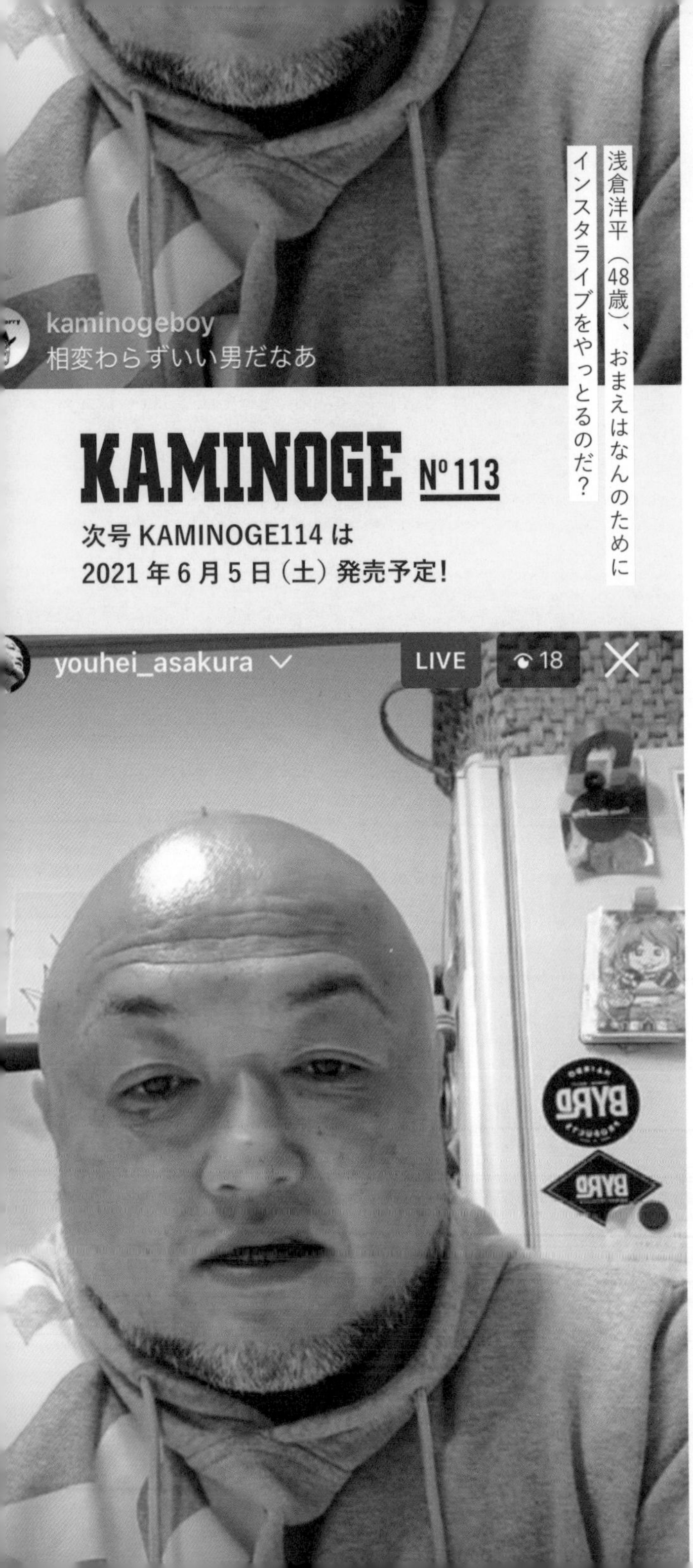
kaminogeboy
相変わらずいい男だなあ
浅倉洋平（48歳）、おまえはなんのためにインスタライブをやっとるのだ？
youhei_asakura
LIVE
18

KAMINOGE №113

次号 KAMINOGE114 は
2021 年 6 月 5 日（土）発売予定！

2021 年 5 月 19 日
初版第 1 刷発行

発行人
後尾和男

制作
玄文社

編集
有限会社ペールワンズ
（『KAMINOGE』編集部）
〒 154-0011
東京都世田谷区上馬 1-33-3
KAMIUMA PLACE 106

WRITE AND WRITE
井上崇宏
堀江ガンツ

編集協力
佐藤篤
村上陽子

デザイン
高梨仁史

表紙デザイン
井口弘史

カメラマン
タイコウクニヨシ
当山礼子

編者
KAMINOGE 編集部

発行所
玄文社
［本社］
〒 107-0052
東京都港区高輪 4-8-11-306
［事業所］
東京都新宿区水道町 2-15
新灯ビル
TEL:03-5206-4010
FAX:03-5206-4011

印刷・製本
新灯印刷株式会社

本文用紙：
OK アドニスラフ　W A/T 46.5kg